처음부터 배우는 소통의 기술

처음부터 배우는
소통의 기술

이성복 지음

다온길

프롤로그

왜 내 말은 항상 통하지 않을까?

회의가 끝난 뒤, 아무 말도 하지 못했던 자신에게 자책하던 기억이 떠오른다. "왜 나는 늘 침묵하게 될까?" 친구와 대화를 나누다 분위기가 어색해진 순간도 있다. "내가 무슨 실수를 했을까?" 가족과의 대화가 또다시 작은 말다툼으로 끝났던 날, 소통에 대한 고민은 깊어졌다.

소통은 우리 일상에 항상 존재하지만, 그 과정이 매번 순조롭지는 않다. 이 책은 그런 막힘과 답답함 속에서 "어떻게 하면 내 이야기를 효과적으로 전달할 수 있을까?"라는 질문에 답을 찾을 수 있도록 돕기 위해 쓰여졌다.

직장에서의 회의, 친구와의 대화, 가족 간 갈등, 새로운 사람과의 만남 등 삶의 모든 순간은 소통을 필요로 한다. 이 책에서는 회의에서 의견을 내지 못할 때 활용할 수 있는 자신감 있는 표현법, 친구와의 대화를 끊기지 않게 이어가는 공감의 기술, 그리고 가족과의 갈등을 줄이는 방법까지 구체적인 사례와 실질적인 해결책을 제시한다.

소통은 타고난 재능이 아니라 배우고 익힐 수 있는 기술이다. 그 시작은 상대방의 마음을 이해하고, 나의 생각을 명확히 전달하며, 갈등을 해결하려는 태도를 갖추는 데서 시작된다. 이 책은 "왜 내 말은 항상 통하지 않을까?"라는 고민을 "어떻게 하면 내 말이 더 잘 통할 수 있을까?"로 바꾸는 데 도움을 줄 것이다.

실생활에 바로 적용할 수 있는 소통의 기본 원리와 문제 해결 사례를 통해, 소통의 기술은 지금 당신의 삶을 변화시킬 준비를 마쳤다.

이성복

차 례

3장 ────────────────────────
상대방의 마음을 여는 경청의 기술

〈처음부터 배우는〉 시리즈

"처음부터 배우는" 시리즈는 특정 주제에 대해 막연한 두려움을 가진 초보자와 일반 독자들이 쉽고 명확하게 이해할 수 있도록 기획되었습니다. 처음 접하는 사람들에게 복잡하고 어려운 내용을 친숙하고 간단한 방식으로 풀어내어 학습에 대한 부담을 덜어주고자 했습니다. 이 시리즈는 누구나 쉽게 시작할 수 있도록 구성되었으며, 실생활에서 바로 활용할 수 있는 실용적인 지식과 팁을 제공하여 독자들이 자신감을 가질 수 있도록 돕습니다.

또한, "처음부터 배우는" 시리즈는 초보자들이 핵심 개념을 반복적으로 접하고 이해를 깊이 할 수 있도록 중복된 내용을 일부 포함하고 있습니다. 이는 같은 개념을 여러 번 강조하여 독자들이 중요한 포인트를 놓치지 않고, 핵심적인 내용을 확실히 숙지하도록 돕기 위한 의도입니다.

부제인 "일 잘하는 사람들의 비밀 노트"는 각 분야의 성공적인 사람들이 지식을 활용하고 문제를 해결해 나가는 방식을 비밀 노트처럼 쉽게 설명하고자 하는 의도를 담고 있습니다.

1장

소통의 기본 원리

01

소통이란 무엇인가

소통은 단순히 말을 주고받는 것이 아니다. 소통은 생각과 감정, 정보를 다른 사람과 주고받는 과정이다. 이를 통해 서로의 이해를 높이고, 신뢰를 형성하며, 관계를 더욱 깊고 의미 있게 만든다. 소통은 말, 글, 몸짓, 표정 등 다양한 방법으로 이루어지며, 우리가 매일 마주하는 모든 상황에서 필수적인 역할을 한다.

소통의 의미

소통은 크게 두 가지로 나눌 수 있다.
- 언어적 소통은 우리가 사용하는 말이나 글과 같은 명시적인 표현을 의미한다. 예를 들어, 친구와 전화로 이야기하거나, 이메일을 통해 의견을 교환하는 것이 언어적 소통에 해당한다.

- 비언어적 소통은 우리가 말로 표현하지 않는 모든 것, 즉 몸짓, 눈빛, 표정, 목소리 톤 등을 포함한다. 연구에 따르면, 소통에서 비언어적 요소가 차지하는 비중이 매우 크다. 예를 들어, 상대방이 말은 하지 않더라도 표정이나 몸짓을 통해 기분이나 생각을 알 수 있을 때가 많다.

소통은 이 두 가지 요소가 함께 어우러져 이루어지며, 이를 통해 사람들은 서로의 생각과 감정을 더욱 풍부하게 이해할 수 있다.

소통의 중요성

1. **관계 형성과 유지** : 소통은 사람들 사이의 관계를 형성하고 유지하는 데 필수적이다. 예를 들어, 직장에서 동료와의 신뢰를 쌓거나, 친구와의 우정을 더욱 돈독히 하려면 서로의 생각과 감정을 정확히 전달하고 이해하는 소통이 필요하다. 소통이 잘 이루어지면 서로의 이해가 깊어지고, 오해나 갈등이 줄어들며, 긍정적인 관계를 유지할 수 있다.
2. **문제 해결** : 소통은 갈등이나 문제를 해결하는 중요한 도구다. 우리가 다른 사람과 의견이 충돌하거나 갈등이 발생할 때, 효과적인 소통은 그 갈등을 해결하고 서로에게 만족스러운 결과를 도출하는 데 도움을 준다. 예를 들어, 팀 프로젝트에서 의견 차

이가 생겼을 때, 상대방의 입장을 이해하고 자신의 의견을 명확히 전달하는 소통을 통해 해결 방안을 찾을 수 있다.

3. **자기 표현과 성장** : 소통은 자신을 표현하고, 자신의 생각과 감정을 이해하는 데도 중요하다. 우리는 소통을 통해 자신의 의견을 공유하고, 다른 사람의 피드백을 받아들이며 성장할 수 있다. 예를 들어, 자신의 생각을 명확히 말하는 연습을 통해 자신감을 키울 수 있고, 다양한 사람들과의 소통을 통해 새로운 관점과 아이디어를 얻을 수 있다.

4. **효율적인 업무와 성과 달성** : 소통은 직장에서 팀의 성과를 높이는 데 중요한 역할을 한다. 명확한 의사소통은 업무의 목표와 방향을 확실히 하고, 협업을 원활하게 만든다. 반대로 소통이 원활하지 않으면 오해와 오류가 발생하여 시간과 자원이 낭비될 수 있다. 따라서, 효과적인 소통은 개인과 조직 모두의 성과를 극대화하는 데 필수적이다.

소통의 기술 배우기

소통은 자연스럽게 배우기도 하지만, 의식적으로 훈련하고 연습할 수 있는 기술이다. 우리는 소통의 기본 개념을 이해하고, 경청과 명확한 표현, 공감하는 마음가짐을 통해 소통 능력을 향상시킬 수 있다. 특히, 초보자는 먼저 상대방의 말을 경청하고 이해하는 데 집중하며, 자신의 의견을 명확하고 간결하게 표현하는 연습을 할 필요가 있다.

소통은 모든 인간관계와 상황에서 중요한 역할을 하며, 이를 배우고 개선하는 것이 더 나은 삶과 성과를 이끄는 첫걸음이 될 수 있다. 따라서, 소통의 기본 원리와 기술을 배우는 것은 더 나은 대인관계와 성공적인 삶을 위한 필수적인 준비 과정이다.

효과적인 소통의 3가지 핵심 요소

효과적인 소통은 단순히 말을 잘하거나 듣는 것만으로 이루어지지 않는다. 소통이 성공적으로 이루어지기 위해서는 몇 가지 중요한 요소들이 필요하다. 이를 통해 서로의 생각과 감정을 정확하게 이해하고, 더 나은 관계를 구축할 수 있다. 소통전문가들이 강조하는 효과적인 소통의 3가지 핵심 요소는 명확성, 경청, 공감이다. 이 요소들을 자세히 살펴보자.

1. 명확성(Clarity)

명확성은 소통의 가장 중요한 요소 중 하나다. 명확한 소통이란 자신의 생각과 감정을 상대방이 쉽게 이해할 수 있도록 분명하게 전달하는 것을 의미한다. 우리가 전달하려는 메시지가 불분명하거나 애매하면, 상대방이 혼란을 느끼고 오해가 생길 수 있다.

- **간결하게 표현하기** : 메시지를 전달할 때는 불필요한 말을 줄이고 핵심만 간결하게 표현하는 것이 좋다. 예를 들어, "이 일을 오늘 끝낼 수 있을까요?"라고 직접적으로 질문하는 것이 더 효과적이다.

- **구체적인 예시 사용하기** : 일반적인 표현보다는 구체적인 예를 들어 설명하는 것이 더 명확하다. "프로젝트 진행 상황을 업데이트해 주세요."보다는 "현재 진행 중인 A 프로젝트의 예산 계획과 일정에 대한 최신 정보를 내일까지 이메일로 보내 주세요."와 같이 구체적으로 요청하는 것이 좋다.

- **피드백 요청하기** : 자신의 메시지가 제대로 전달되었는지 확인하기 위해 상대방에게 피드백을 요청하는 것도 중요하다. "제 말이 이해되셨나요?" 또는 "어떻게 생각하세요?"와 같은 질문을 던져 상대방의 이해도를 확인할 수 있다.

2. 경청(Active Listening)

경청은 상대방의 말을 주의 깊게 듣고, 그 의도를 정확하게 파악하는 것을 말한다. 소통은 일방적인 전달이 아니라, 상호작용의 과정이다. 따라서, 상대방의 말을 잘 듣고 이해하는 것이 소통의 핵심이다. 경청은 단순히 상대방의 말을 듣는 것 이상으로, 주의 깊게 듣고 반응하는 것을 의미한다.

- **눈 맞추기와 비언어적 신호** : 상대방이 말할 때 눈을 맞추고, 고

개를 끄덕이거나 미소를 지어주는 등 비언어적 신호를 통해 경청하고 있다는 메시지를 전달할 수 있다. 이는 상대방이 자신의 이야기에 관심을 가지고 있다는 느낌을 주어, 더 적극적으로 소통할 수 있게 한다.

- **반복과 요약** : 상대방의 말을 요약하거나 반복하여 확인하는 것도 중요한 경청 기술이다. 예를 들어, "말씀하신 내용을 들으니, A 문제에 대한 걱정이 있으신 것 같네요."와 같이 요약함으로써 상대방의 의도를 제대로 이해하고 있음을 보여줄 수 있다.
- **감정 인정하기** : 상대방이 느끼는 감정에 공감하며 인정하는 것도 경청의 중요한 요소다. "그 일이 정말 힘들었겠어요."와 같이 상대방의 감정을 인정해 주면, 상대방은 자신이 이해받고 있다고 느끼며, 더 편안하게 대화할 수 있게 된다.

3. 공감(Empathy)

공감은 상대방의 감정과 관점을 이해하고, 그 입장에서 느껴보려는 태도를 의미한다. 공감은 소통의 중요한 요소로, 사람들 사이의 신뢰를 형성하고 관계를 강화하는 데 필수적이다. 공감을 통해 상대방은 자신이 존중받고 이해받고 있다고 느끼며, 소통이 더욱 원활해진다.

- **상대방의 입장 생각하기** : 상대방의 감정이나 상황을 자신의 입장에서 생각해보는 노력이 필요하다. 예를 들어, "만약 내가 저 사람의 상황이라면 어떻게 느낄까?"라고 스스로에게 질문해 보

며 상대방의 감정을 이해하려고 노력한다.

- **적극적인 반응 보이기** : 공감을 표현할 때는 상대방의 감정에 대해 적극적인 반응을 보여주는 것이 중요하다. "그 상황에서 정말 힘들었겠어요. 어떻게 도와드릴 수 있을까요?"와 같은 말을 통해 상대방에게 진심 어린 공감을 표현할 수 있다.

- **감정과 의견을 인정하기** : 상대방의 감정과 의견이 나와 다를 수 있지만, 그 자체를 존중하고 인정하는 태도를 가져야 한다. "당신의 생각을 이해해요. 저도 비슷한 경험을 한 적이 있어요." 와 같은 말은 상대방과의 거리감을 줄이고, 더욱 친밀한 관계를 형성하는 데 도움이 된다.

명확성, 경청, 공감은 효과적인 소통의 세 가지 핵심 요소다. 명확성은 상대방이 우리의 메시지를 쉽게 이해할 수 있도록 분명하게 전달하는 것이다. 경청은 상대방의 말을 주의 깊게 듣고, 그 의도를 정확하게 파악하는 과정이다. 마지막으로, 공감은 상대방의 감정과 상황을 이해하고, 그 입장에서 느끼는 것이다. 이 세 가지 요소를 통해 우리는 더욱 효과적인 소통을 할 수 있고, 신뢰와 이해를 바탕으로 한 더 깊은 인간관계를 형성할 수 있다.

（03）

올바른 언어와 비언어적 표현의 역할

소통은 단순히 말로만 이루어지는 것이 아니다. 소통의 대부분은 우리가 눈으로 보고, 귀로 들을 수 있는 여러 가지 표현 방식들로 이루어진다. 여기에는 우리가 사용하는 언어적 표현과 비언어적 표현이 모두 포함된다. 소통이 효과적으로 이루어지기 위해서는, 이 두 가지가 조화를 이루는 것이 중요하다. 올바른 언어와 비언어적 표현은 상대방과의 이해와 신뢰를 높이고, 원활한 대화를 가능하게 한다.

1. 언어적 표현의 역할

언어적 표현은 우리가 일상적으로 사용하는 말과 글을 의미한다. 언어는 소통의 가장 기본적인 수단이며, 우리의 생각과 감정을 전달하는 중요한 도구다. 그러나 언어적 표현을 잘못 사용하거나 모호하게 사용하면 상대방에게 오해를 불러일으킬 수 있다. 따라서 올바른 언어 사용은 효과적인 소통에 필수적이다.

- **명확하고 간결하게 말하기** : 말을 할 때는 상대방이 쉽게 이해할 수 있도록 명확하고 간결하게 표현하는 것이 중요하다. 예를 들어, "오늘 보고서를 완료할 수 있을까요?"라고 직접적으로 질문하는 것이 더 효과적이다. 불필요한 장황한 설명이나 중복된 말을 줄이면, 핵심 메시지를 더욱 쉽게 전달할 수 있다.

- **적절한 어휘 선택** : 상대방의 이해 수준에 맞는 적절한 어휘를 사용하는 것도 중요하다. 어려운 전문 용어를 남발하기보다는, 상대방이 쉽게 이해할 수 있는 쉬운 말로 설명하는 것이 효과적이다. 예를 들어, "협력적인 태도" 대신 "함께 일하기 좋은 태도"와 같이 쉽게 이해되는 표현을 사용하는 것이 좋다.

- **적극적인 피드백 요청** : 언어적 표현이 효과적으로 전달되었는지 확인하기 위해 상대방의 피드백을 요청하는 것도 중요한 방법이다. "제가 설명한 내용을 잘 이해하셨나요?" 또는 "제 의견에 대해 어떻게 생각하세요?"와 같은 질문을 통해 소통이 잘 이루어졌는지 확인할 수 있다.

2. 비언어적 표현의 역할

비언어적 표현은 우리가 말하지 않아도 상대방이 우리를 이해하는 데 도움이 되는 모든 신호를 의미한다. 여기에는 표정, 몸짓, 손동작, 눈 맞추기, 목소리 톤 등이 포함된다. 연구에 따르면, 사람들은 소통할 때 언어적 요소보다 비언어적 요소에 더 많은 영향을 받는다. 따라서, 비언어적 표현은 효과적인 소통을 위해 매우 중요한 역할을 한다.

- **표정과 눈 맞추기** : 표정은 우리의 감정을 직접적으로 드러내는 비언어적 신호다. 미소나 진지한 표정은 상대방에게 우리의 감정을 전달하며, 대화의 분위기를 결정한다. 예를 들어, 상대방의 말을 경청할 때는 가볍게 미소를 짓고 고개를 끄덕이는 것이 좋다. 또한, 눈을 맞추는 것은 상대방에게 집중하고 있음을 보여주며, 신뢰감을 형성하는 데 도움을 준다.

- **몸짓과 자세** : 우리의 몸짓과 자세는 우리가 말하는 내용의 진정성을 전달하는 중요한 요소다. 예를 들어, 팔짱을 끼고 있거나 몸을 뒤로 젖히고 있으면 방어적이거나 거부감을 나타내는 것으로 오해될 수 있다. 반대로, 열린 자세와 편안한 몸짓은 상대방에게 개방적이고 수용적인 태도를 전달한다.

- **목소리 톤과 속도** : 목소리의 톤과 속도 역시 소통에 큰 영향을 미친다. 너무 빠르게 말하면 상대방이 이해하기 어렵고, 반대로 너무 느리게 말하면 지루함을 줄 수 있다. 목소리 톤이 너무 높거나 낮으면 감정이 과장되거나 의도와 다르게 전달될 수 있다. 적절한 톤과 속도로 말하는 것이 중요하며, 필요한 부분에서는 강세를 주어 중요한 메시지를 강조하는 것도 효과적이다.

3. 언어와 비언어적 표현의 조화

효과적인 소통을 위해서는 언어적 표현과 비언어적 표현이 조화를 이루어야 한다. 아무리 정확한 말을 사용하더라도, 비언어적 표현이 그것과 상충되면 상대방은 혼란을 느끼게 된다. 예를 들어, "그럴 필요 없어"라고 말하면서 미소를 짓거나, "정말 기뻐"라고 하면서 눈을 피하는 것은 상대방에게 혼란을 줄 수 있다.

- **일관성 유지하기** : 언어적 표현과 비언어적 표현이 일치해야 신뢰를 형성할 수 있다. 예를 들어, 상대방을 격려할 때는 따뜻한 미소와 진심 어린 목소리로 말하는 것이 중요하다. "잘하고 있어!"라고 말하면서 눈을 피하거나 목소리를 작게 하면 진정성이 떨어진다.

- **상황에 맞는 표현 사용하기** : 상황에 맞는 언어적, 비언어적 표현을 사용하는 것도 중요하다. 예를 들어, 직장 회의에서는 전문적이고 차분한 어조로 말하는 것이 좋지만, 친구와의 대화에서는 더 친근하고 편안한 표현이 적절할 수 있다. 또한, 상대방의 문화적 배경이나 성격에 따라 적절한 표현 방식을 선택하는 것도 필요하다.

소통에서 올바른 언어적 표현과 비언어적 표현은 매우 중요하다. 언어적 표현은 명확하고 간결하게 전달해야 하고, 비언어적 표현은 우리의 진심과 태도를 보여줄 수 있어야 한다. 이 두 가지가 조화를 이루어야만 소통이 효과적으로 이루어질 수 있다. 우선 자신의 언어적 표현과 비언어적 표현이 일관성을 갖도록 노력하고, 상황에 맞는 적절한 표현 방식을 연습하는 것이 중요하다. 이를 통해 더 나은 소통 능력을 기르고, 신뢰를 바탕으로 한 깊은 관계를 형성할 수 있다.

04
소통에서 발생하는 장애물과 극복 방법

소통은 인간관계를 발전시키고 신뢰를 쌓는 데 중요한 역할을 한다. 하지만 모든 대화가 원활히 진행되지는 않는다. 소통의 과정에서 발생하는 장애물은 종종 오해와 갈등을 초래하며, 대화를 단절시키기도 한다. 소통의 주요 장애물과 이를 극복하기 위한 방법을 살펴보자.

1. 소통의 장애물 : 왜 대화는 막히는가?

1) 선입견과 고정관념

상대방에 대한 선입견이나 고정관념은 대화의 흐름을 방해하는 가장 흔한 장애물이다. 특정한 이미지나 편견 때문에 상대의 말을 있는 그대로 받아들이지 못하고, 오히려 왜곡하거나 지나치게 방어적으로 반응할 수 있다. 예를 들어, "이 사람은 나를 비난하려고만 한다"라는 선입견은 대화에서 상대의 진의를 파악하기 어렵게 만든다.

2) 감정적 장애물

분노, 불안, 슬픔 등 강한 감정은 소통을 어렵게 만든다. 감정이 격해진 상황에서는 상대의 말보다 자신의 감정에 더 집중하게 되어, 상대방의 의도를 오해하거나 말을 왜곡해서 받아들이는 경우가 많다.

3) 언어적 장벽

전문 용어, 어려운 표현, 또는 지나치게 단순화된 언어 사용은 상대방이 대화를 이해하지 못하게 만들 수 있다. 특히, 세대 간 대화나 문화적 배경이 다른 사람들과의 대화에서 이러한 문제는 더욱 두드러진다.

4) 비언어적 신호의 부조화

말과 몸짓, 표정 등 비언어적 신호가 일치하지 않으면 상대방은 혼란을 느낀다. 예를 들어, 화난 표정으로 "괜찮아"라고 말하면, 상대는 말보다 표정을 더 신뢰하게 된다.

5) 경청 부족

소통은 단순히 말하는 것이 아니라 듣는 과정도 포함한다. 상대방의 말을 끊거나, 흥미를 잃고 스마트폰을 보며 흘려듣는 태도는 소통을 단절시키는 주요 요인이다.

2. 소통 장애물 극복 방법 : 어떻게 대화를 원활히 만들까?

1) 열린 마음으로 대화하기

선입견과 고정관념을 버리고 상대방의 이야기를 있는 그대로 받아들인다. 상대의 배경이나 의견이 나와 다를 수 있다는 점을 인정하고, 판단하기보다는 이해하려는 태도를 유지한다.

2) 감정을 관리하는 기술 배우기

대화 중 감정이 격해질 때, 한 발짝 물러서서 자신의 감정을 통제하는 것이 중요하다. 심호흡이나 잠시 대화를 멈추는 방법을 활용하여 감정에 휘둘리지 않도록 한다. 차분한 상태에서 대화는 더 효과적이다.

3) 쉬운 언어와 적절한 표현 사용하기

상대방의 배경과 이해 수준에 맞는 언어를 사용한다. 전문 용어는 쉽게 풀어서 설명하고, 중요한 내용을 전달할 때는 핵심을 먼저 말하는 습관을 들인다.

4) 비언어적 신호를 조율하기

비언어적 신호는 말보다 더 많은 정보를 전달한다. 표정, 제스처, 목소리 톤 등이 말과 일치하도록 조율해야 한다. 상대방의 비언어적 신호를 관찰하여 대화의 분위기를 읽고, 필요에 따라 표현을 조정한다.

5) 적극적 경청 연습하기

상대방의 말에 온전히 집중하고, 적절히 반응하며, 공감하는 태도를 보여준다. 고개를 끄덕이거나 "그렇군요", "그 부분이 중요하겠네요"와 같은 표현을 통해 상대가 자신의 말이 존중받고 있다고 느끼게 한다.

3. 소통의 장애물을 넘어선 소통의 미래

소통에서 발생하는 장애물은 누구나 겪을 수 있다. 하지만 이를 인지하고 극복하려는 노력이 있다면, 관계는 놀랍도록 좋아질 수 있다. 소통은 단순히 말을 주고받는 과정이 아니라, 서로를 이해하고 공감하는 연결의 기술이다. 장애물을 극복하는 작은 변화가 큰 관계의 변화를 만들어낼 것이다.

신뢰를 구축하는 소통의 첫걸음

소통에서 가장 중요한 요소 중 하나는 신뢰다. 신뢰가 없는 소통은 단절되기 쉽고, 그 결과 갈등과 오해로 이어질 수 있다. 신뢰는 단시간에 형성되지 않으며, 일관된 태도와 행동을 통해 점진적으로 쌓인다.

1. 왜 신뢰가 중요한가?

신뢰는 소통의 기반이자 인간관계의 핵심이다. 신뢰가 없으면 상대방은 내가 하는 말을 의심하거나 받아들이지 않을 가능성이 높다. 예를 들어, 직장에서 팀원이 상사의 말에 신뢰를 느끼지 못한다면, 상사가 제시하는 방향에 따르지 않거나 소극적으로 반응할 것이다. 반대로 신뢰가 형성되면 상대방은 자연스럽게 마음을 열고, 대화를 이어가며 협력하려는 태도를 보인다.

신뢰는 단순히 "믿는다"고 말하는 것이 아니라, 언행의 일관성과 진정성을 통해 상대방에게 안전하고 안정적인 느낌을 주는 것이다.

2. 신뢰를 무너뜨리는 요소

신뢰를 쌓으려면 먼저 신뢰를 무너뜨리는 요소를 이해해야 한다.

1) 일관성 없는 행동

같은 상황에서 다른 반응을 보이거나 약속을 자주 어기면, 상대는 나를 믿기 어려워진다. 예를 들어, 한 번은 친절하게 대하다가 다른 날은 차갑게 대하는 태도는 상대에게 혼란을 준다.

2) 과장되거나 거짓된 말

사소한 거짓말이라도 신뢰를 무너뜨릴 수 있다. "내가 그걸 다 처리했어"라고 말했지만 실제로는 하지 않았다는 사실이 드러나면, 상대방은 다음부터 나의 말을 신뢰하지 않을 것이다.

3) 비판적인 태도

상대방의 의견을 무시하거나 부정적인 피드백만 주는 태도는 상대의 자신감을 떨어뜨리고, 대화를 피하게 만든다.

3. 신뢰를 구축하는 소통의 첫걸음

1) 진정성을 보여주는 태도

진정성은 신뢰를 형성하는 가장 중요한 요소다. 상대방과의 대화에서 진심으로 관심을 가지고, 그들의 말을 경청하며 공감하는 태도를 보여야 한다. 예를 들어, "그 이야기를 들으니 정말 힘들었겠구나"라는 공감 표현은 상대에게 신뢰를 전달하는 좋은 방법이다.

2) 약속을 지키는 습관

작은 약속이라도 반드시 지키는 것이 중요하다. "내일 이 일을 마무리하겠다"거나 "다음 주에 점심을 함께 하자"는 약속을 지키는 것이 신뢰의 시작이다. 약속을 어길 상황이 생기더라도 사전에 미리 알리고 대안을 제시하는 것이 필요하다.

3) 긍정적인 피드백 제공

상대방의 노력과 성과를 인정하고 칭찬하는 것은 신뢰를 쌓는 데 큰 도움이 된다. 예를 들어, "이번 프로젝트에서 정말 많은 도움이 되었어. 덕분에 일이 더 수월했어"라는 말은 상대방의 마음을 열게 하고, 신뢰를 형성한다.

4) 투명하게 의사소통하기

상대방과 대화할 때, 가능한 한 솔직하고 명확하게 의사를 전달해야 한다. 회피하거나 모호한 표현은 오해를 불러일으킬 수 있다. 예를 들어, "이 부분은 내가 부족해서 미리 못 챙겼어. 앞으로 더 신경 쓸게"라고 투명하게 인정하면, 상대방은 오히려 신뢰를 보낼 가능성이 높아진다.

5) 공감을 통해 연결하기

상대방의 감정을 이해하고, 그에 맞는 반응을 보여주는 것이 중요하다. 예를 들어, 상대가 슬퍼 보일 때 "오늘 무슨 일 있었어? 많이 힘들었지?"라고 물어보는 것은 단순한 질문 이상으로 신뢰를 형성하는 출발점이 된다.

4. 신뢰 구축이 가져오는 변화

신뢰를 기반으로 한 소통은 관계를 더 깊고 의미 있게 만든다. 상대방은 내 말을 믿고, 나 또한 상대방에게 마음을 열게 된다. 신뢰가 형성된 대화는 더 이상 갈등과 오해의 장이 아니라, 서로를 이해하고 협력하는 공간이 된다.

신뢰는 하루아침에 만들어지지 않는다. 하지만 작은 노력과 행동의 반복을 통해, 점차 두터운 관계를 형성할 수 있다. 소통의 첫걸음은 바로 신뢰에서 시작된다.

2장

일상 속 소통 문제,
어떻게 해결할까?

회의에서 아무 말도 못하는 나, 문제일까요?

회의에서 아무 말도 하지 못하는 것은 많은 사람들이 겪는 공통된 고민이다. "내가 이 말을 하면 이상하게 보이지 않을까?", "다른 사람들이 이미 다 말한 것 같은데 굳이 내가 덧붙일 필요가 있을까?"라는 생각에 발언을 망설이다 보면, 시간이 지나고 회의가 끝난 후 아쉬움과 자책감만 남는다. 하지만 회의에서 말하지 않는다고 해서 반드시 문제가 있는 것은 아니다. 중요한 것은 상황을 객관적으로 이해하고, 자신만의 방식을 찾아 적극적으로 참여하려는 노력을 하는 것이다.

1. 왜 말을 하지 못할까?

회의에서 말을 하지 못하는 데는 여러 이유가 있다.

첫째, 완벽한 답변에 대한 부담감이 크다. "틀린 말을 하면 어떡하지?"라는 두려움이 발언을 망설이게 만든다.

둘째, 충분한 준비 부족이 발언을 어렵게 한다. 회의 주제에 대해 사전에 고민하지 않고 참석하면 자연스럽게 자신감이 떨어진다.

셋째, 다른 사람들의 반응에 대한 과도한 걱정이 영향을 미친다. 다른 사람들이 나를 어떻게 생각할지 신경 쓰다 보면, 말을 꺼내는 것이 부담스러워진다.

2. 말을 하지 않는다고 해서 꼭 문제가 되는 것은 아니다

말을 하지 않는 것이 반드시 소극적인 태도를 의미하지는 않는다. 중요한 것은 회의에 기여하는 방식이다. 반드시 의견을 내는 것만이 기여의 방법은 아니다. 상황을 정확히 파악하고 경청하며, 필요한 순간에 간결한 의견을 제시하는 것도 훌륭한 참여 방법이다.

3. 말을 잘하기 위한 준비 방법

1) 사전에 준비하기

회의 주제를 미리 파악하고, 관련 자료를 검토하며 자신의 생각을 정리해 두는 것이 중요하다. 간단한 키워드나 문장으로 정리해두면 말을 꺼내기 쉬워진다.

지훈은 회의에서 항상 말하지 못하는 자신이 문제라고 생각했다. 하지만 회의 전날 회의 주제에 대해 간단한 자료를 읽고, 자신의 의견을 노트에 정리하는 연습을 시작했다. 덕분에 자신감이 붙었고, 간단한 의견부터 차츰 발표하기 시작했다.

2) 짧게 말하는 연습

긴 설명이 아니라도 간결하고 명확하게 의견을 전달하는 연습이 필요하다. 회의에서는 짧고 핵심적인 메시지가 더 효과적이다.

수진은 자신이 준비한 자료를 모두 말하려다 긴장해 말을 더듬곤 했다. 이후, "세 줄로 요약해서 말하기"를 연습했고, 회의 중 자신감 있게 의견을 낼 수 있었다.

3) 적절한 타이밍을 잡기

회의 중간에 자연스럽게 참여하려면 다른 사람의 말을 잘 듣고 흐름을 파악하는 것이 중요하다. 다른 사람이 제안한 아이디어에 간단히 동의하거나 추가 의견을 내는 것도 훌륭한 방법이다.

민수는 회의 중 다른 사람의 발언을 유심히 들으며 "저도 동의합니다. 특히 이 부분이 중요한 것 같아요"라고 추가 의견을 제시하기 시작했다. 덕분에 더 적극적으로 회의에 참여할 수 있었다.

4. 작은 성공을 통해 자신감을 쌓아가기

처음부터 완벽하게 말을 잘할 필요는 없다. 간단한 질문을 던지거나, 동의 의견을 내는 것처럼 작은 단계부터 시작해 자신감을 쌓아가는 것이 중요하다.

혜진은 회의에서 처음으로 "제가 잘 이해했는지 확인하고 싶은데요…"라는 질문을 했다. 이후 그녀는 점차 의견을 제시하는 데 자신감을 가지게 되었고, 팀원들 사이에서도 신뢰를 얻었다.

5. 회의에서 말을 잘하는 것은 연습의 결과다

회의에서 아무 말도 하지 못한다고 해서 스스로를 비난할 필요는 없다. 중요한 것은 자신만의 방법을 찾고, 작은 성공을 쌓아가는 것이다. 준비를 철저히 하고, 짧은 말부터 시작해, 타이밍을 잡아가는 연습을 통해 점차 자신감을 높일 수 있다. 회의는 완벽한 답을 내놓는 자리가 아니라, 서로의 생각을 나누고 협력하는 자리라는 점을 기억하자. 이렇게 접근하면 회의에서 점점 더 편안하게 자신의 의견을 표현할 수 있을 것이다.

친구와 대화가 자꾸 끊기는 이유는?

친구와 대화를 나누다 보면 자꾸 끊기거나 어색한 침묵이 흐르는 경험을 해본 적이 있을 것이다. "내가 무언가 잘못 말했나?", "친구가 나와 대화하기 싫은 건가?"라는 생각에 고민하게 되지만, 이는 꼭 상대방의 문제나 대화 주제 때문만은 아니다. 대화가 끊기는 이유는 다양하며, 이를 이해하고 적절히 대응하면 자연스러운 대화를 이어갈 수 있다.

1. 대화가 끊기는 주요 원인

1) 일방적인 대화 방식

대화가 한쪽으로만 치우치면 상대방은 흥미를 잃고 대화를 이어가고 싶지 않아질 수 있다. 예를 들어, 자신만 계속 이야기하거나, 상대방의 말에 귀 기울이지 않는 경우다.

2) 공감과 반응 부족

상대방의 이야기에 적절한 반응을 보이지 않으면 대화의 흐름이 자연스럽게 끊길 수 있다. 간단한 고개 끄덕임이나 짧은 말로도 충분히 상대방에게 관심을 표현할 수 있다.

3) 대화 주제의 부적합성

상대방이 관심 없어 하는 주제를 꺼내거나, 지나치게 무거운 이야기로 대화를 시작하면 흥미를 잃게 될 가능성이 크다.

2. 대화를 자연스럽게 이어가는 방법

1) 질문을 활용하라

대화 중간에 적절한 질문을 던지는 것은 상대방의 관심을 끌고 대화를 이어가는 효과적인 방법이다.

- 상대방이 이야기한 내용에서 세부적인 부분을 질문한다. 예를 들어, 친구가 여행에 대해 이야기하면 "어디가 가장 인상 깊었어?" 또는 "그곳에서 어떤 특별한 경험을 했어?"처럼 구체적인 질문을 던질 수 있다.

경수는 친구와 대화가 자주 끊겨 어색함을 느꼈다. 이후 친구가 영화에 대해 이야기할 때, "그 영화에 나온 배우들 중에서 누구의 연기가 제일 좋았어?" 같은 질문을 던지며 대화를 이어가기 시작했다. 그러자 친구가 더 많은 이야기를 하고 싶어 하는 모습을 보였다.

2) 공감과 반응을 보여라

대화 중 상대방의 말에 공감하고 반응을 보이는 것은 대화를 이어가는 중요한 기술이다.

- 상대방이 한 말에 "그랬구나" 또는 "정말?"과 같은 반응을 보이며 관심을 표현한다.

미소는 친구가 직장에서 있었던 힘든 이야기를 할 때, 가만히 듣기만 했다. 하지만 이후 "정말 힘들었겠다"라는 공감 어린 말을 덧붙이자 친구가 더 많은 이야기를 나누기 시작했고, 대화가 자연스럽게 이어졌다.

3) 대화 주제를 상대방에게 맞춰라

대화 주제를 상대방의 관심사에 맞추는 것도 효과적이다. 친구가 좋아하는 주제나 최근 관심을 보였던 주제에 대해 이야기를 나누면 더 적극적인 반응을 이끌어낼 수 있다.

경미는 평소 친구와 대화가 끊기는 경우가 많았지만, 친구가 요즘 여행에 관심이 있다는 것을 알게 되었다. 이후 여행지 추천이나 여행 팁에 대해 이야기하기 시작하니 대화가 훨씬 자연스러워졌다.

4) 적절한 침묵을 두려워하지 마라

대화 중간에 침묵이 흐르는 것을 너무 의식하지 않아도 된다. 때로는 짧은 침묵이 대화의 긴장을 풀고 새로운 주제를 떠올리는 시간이 될 수 있다.

민수는 친구와 대화 중 침묵이 흐를 때마다 어색해했다. 하지만 지나치게 긴장하지 않고 새로운 주제를 천천히 생각하며 말을 이어가자 오히려 자연스러운 대화를 나눌 수 있었다.

3. 대화를 이어가기 위한 연습과 노력

대화는 단순히 말을 잘하는 기술만으로 이루어지지 않는다. 상대방의 이야기를 경청하고, 적절히 반응하며, 서로 공감하는 과정에서 자연스럽게 만들어진다. 중요한 것은 완벽한 대화를 목표로 하기보다는 작은 변화를 통해 대화의 흐름을 만들어가는 것이다.

친구와의 대화가 끊길 때마다 자책하기보다는, 질문, 공감, 주제 선택과 같은 작은 노력을 통해 더 나은 대화를 만들어보자. 대화는 혼자만의 몫이 아니라, 상대방과 함께 만들어가는 협력의 과정이라는 점을 기억하면 된다. 이러한 변화는 친구와의 관계를 더욱 돈독히 하고, 대화의 즐거움을 더해줄 것이다.

상사에게 '아니요'라고 말해도 될까요?

상사에게 "아니요"라고 말하는 것은 많은 사람들이 어려워하는 일이다. 특히, 직장 문화에서 상사의 지시에 반대하거나 거절하는 것이 실례가 될까 걱정되기도 한다. 하지만 모든 요청에 "예"라고 대답하다 보면 과도한 업무를 맡게 되거나, 자신의 한계를 넘어서는 부담을 느낄 수 있다. 중요한 것은 상사의 요청을 단순히 거부하는 것이 아니라, 상황을 적절히 설명하고 대안을 제시하며 존중을 바탕으로 소통하는 방법을 배우는 것이다.

1. 왜 '아니요'라고 말하기 어려울까?

상사에게 거절하기 어려운 이유는 여러 가지가 있다.

- **권위에 대한 두려움** : 상사의 권위를 존중해야 한다는 생각에 반대 의견을 내는 것을 부담스러워한다.

- **평판에 대한 걱정** : 거절하면 무례하거나 협조적이지 않다는 인상을 줄까 봐 두려워한다.
- **거절 기술 부족** : 거절하는 방법을 모르거나, 어떻게 전달해야 할지 막막해하는 경우가 많다.

2. 거절이 필요한 순간은 언제일까?

모든 요청에 "예"라고 대답하는 것이 반드시 좋은 태도는 아니다. 다음과 같은 상황에서는 "아니요"라고 말할 필요가 있다.

- **업무가 과도하게 몰렸을 때** : 기존 업무를 제대로 마칠 수 없는 상황에서 추가 요청을 받으면 우선순위에 차질이 생긴다.
- **요청이 자신의 역할과 맞지 않을 때** : 본인의 전문성과 무관한 업무를 요청받는 경우, 거절하고 더 적합한 대안을 제시할 수 있다.

3. 상사에게 '아니요'라고 말하는 방법

1) 요청의 상황과 이유를 명확히 이해하기

상사의 요청을 바로 거절하기보다는, 요청의 맥락과 이유를 이해하는 것이 중요하다. 무엇을 원하고, 왜 필요한지를 파악하면 더 효과적으로 대응할 수 있다.

지후는 상사로부터 갑작스러운 추가 보고서를 요청받았다. 하지만 이미 진행 중인 프로젝트 마감이 코앞이라 여유가 없었다. 그는 상사에게 "이 보고서를 작성하려면 진행 중인 프로젝트 일정이 지연될 수 있을 것 같습니다. 우선순위를 조정해 주실 수 있을까요?"라고 요청했다. 상사는 그의 상황을 이해하고 다른 팀원에게 보고서를 맡겼다.

2) 거절 대신 대안을 제시하기

"아니요"라고 단순히 거절하기보다는, 가능한 대안을 함께 제시하는 것이 중요하다. 이는 협조적이고 긍정적인 태도로 비춰질 수 있다.

민지는 상사가 회의 자료를 당일 중으로 준비해 달라고 요청했지만, 시간이 부족했다. 대신 그녀는 "오늘 안에 전체 자료를 준비하기는 어려울 것 같습니다. 대신 주요 포인트를 요약한 초안을 먼저 드리고, 내일까지 최종 자료를 완성하겠습니다"라고 제안했다. 상사는 이를 수락하며 민지의 상황을 이해했다.

3) 존중을 바탕으로 솔직하게 표현하기

상사의 요청을 거절할 때, 무례하게 들리지 않도록 존중의 태도를 유지하며 솔직하게 상황을 설명하는 것이 중요하다.

민수는 추가 근무 요청을 받았지만, 이미 가족 행사 일정이 잡혀 있었다. 그는 상사에게 "이번 요청을 맡지 못하게 되어 죄송합니다. 가족 행사로 인해 금요일 저녁은 시간이 어려울 것 같습니다. 대신 제가 평소 관리하던 자료를 다른 동료가 쉽게 이어받을 수 있도록 정리해 놓겠습니다"라고 말했다. 상사는 그의 솔직한 태도를 존중하며 대안을 수락했다.

4. 거절을 연습하며 자신감 쌓기

처음부터 완벽하게 거절하는 것은 어렵다. 하지만 작은 상황에서
부터 거절을 연습하다 보면, 점차 자신감을 키울 수 있다. 중요한 것
은 상사와의 신뢰를 유지하면서, 자신의 한계를 지키는 것이다.

5. '아니요'도 소통의 한 방식이다

상사에게 "아니요"라고 말하는 것은 단순한 거절이 아니라, 건강한
업무 관계를 유지하기 위한 소통의 방식이다. 중요한 것은 거절 자체가
아니라, 그 과정을 통해 신뢰를 유지하고, 함께 더 나은 해결책을 찾아
가는 것이다. 존중과 솔직함, 그리고 대안을 바탕으로 소통한다면, "아
니요"는 더 이상 두려운 말이 아니라 협력의 시작이 될 수 있다.

가족과 대화하면 왜 항상 싸움으로 끝날까요?

가족은 우리 삶에서 가장 가까운 존재지만, 그만큼 소통의 문제가 자주 발생하기도 한다. 이는 서로의 기대치가 높고, 감정을 숨기지 않으며, 오랫동안 쌓인 관계 속에서 서로에 대한 편견이 생기기 쉽기 때문이다. 가족 간 대화가 자주 갈등으로 끝난다면, 그 원인을 이해하고 해결하는 것이 중요하다.

1. 감정 과잉으로 인한 갈등

은수는 주말 저녁에 집안일을 돕지 않는 동생을 보고 짜증이 났다. "넌 왜 항상 나만 집안일을 하게 만들어?"라고 말했더니, 동생은 "나도 할 일이 많아! 누나는 왜 항상 잔소리만 해?"라고 대꾸하며 싸움이 시작되었다. 이 상황의 문제는 은수가 감정적으로 말을 시작했고, 동생 또한 방어적으로 대응했기 때문이다. 가족 간에는 감정이

강하게 작용하기 쉬워 대화가 갈등으로 이어질 수 있다.

- **해결법** : 감정이 격해진 상태에서는 대화를 잠시 멈추고, 마음을 진정시킨 후 다시 시도하는 것이 좋다. 은수가 "동생, 내가 혼자 하다 보니 조금 힘들었어. 다음엔 같이 하면 좋겠어."라고 차분히 말했다면 갈등을 피할 수 있었을 것이다.

2. 의도와 다르게 전달되는 말

또 다른 예로, 지훈의 어머니는 아들이 집에만 있는 것을 걱정하며 "너는 왜 친구도 안 만나고 맨날 집에만 있니?"라고 말했다. 하지만 지훈은 이를 비난으로 받아들였고, "내 일에 신경 쓰지 마세요!"라고 말하며 방으로 들어가 버렸다. 어머니는 걱정을 표현하려 했지만, 지훈에게는 불만 섞인 잔소리처럼 들린 것이다.

- **해결법** : 의도를 명확히 전달하는 것이 중요하다. 어머니가 "너 요즘 집에 있는 시간이 많아서 걱정돼. 밖에서 기분 전환을 하면 더 좋을 것 같아."라고 말했더라면 지훈도 덜 방어적으로 반응했을 것이다.

3. 기대와 현실의 차이

가족 간 갈등은 서로에 대한 기대와 현실이 어긋날 때도 발생한다. 예를 들어, 수진은 휴일에 가족과 시간을 보내고 싶었지만, 아버지가 약속도 없이 친구들과 골프를 치러 가자 화가 났다. 수진은 "아빠는 항상 가족보다 친구가 먼저예요!"라고 소리쳤고, 아버지는 "나는 가족을 위해 일하느라 바쁜데 왜 나만 비난하냐?"며 화를 냈다.

- **해결법** : 기대치를 조율하는 대화가 필요하다. 수진이 "아빠, 주말에 아빠랑 시간을 보내고 싶었어. 다음에는 같이 계획을 세워 볼 수 있을까?"라고 말했다면 아버지도 더 열린 태도로 반응했을 것이다.

4. 가족 간 대화에서 지켜야 할 원칙

1) 비난 대신 감정을 공유하기

"너는 왜 항상 이래?" 대신 "네가 이렇게 행동하면 내가 서운해."라고 표현하면 상대가 방어적으로 반응하지 않는다.

2) 듣는 태도로 시작하기

상대의 말을 끝까지 듣고 이해하려는 노력이 중요하다. 끊거나 자신의 의견만 주장하면 갈등이 커질 수 있다.

3) 해결보다는 공감에 초점 맞추기

상대방이 느끼는 감정에 공감하는 것만으로도 갈등이 줄어든다. "네가 많이 힘들었겠구나." 같은 공감의 표현이 효과적이다.

5. 대화는 관계를 회복하는 과정이다

가족 간 대화에서 갈등이 반복된다고 해서 관계가 틀어진 것은 아니다. 오히려 서로를 더 잘 이해하기 위한 기회로 삼을 수 있다. 중요한 것은 감정을 잘 다스리고, 비난 대신 존중을 바탕으로 소통하려는 노력이다. 대화는 관계를 회복하고 신뢰를 쌓는 과정임을 기억하자.

문자만 보내면 왜 답장이 늦을까요?

많은 사람들이 문자 메시지에 대해 즉각적인 답장을 기대하지만, 상대방의 답장이 늦어지는 이유는 다양한 상황과 원인이 있다. 답장이 늦을 때는 "왜 나를 무시하지?"라는 감정적인 해석보다는 상대방의 상황과 의도를 이해하려는 노력이 중요하다.

1. 답장이 늦는 이유는 무엇일까?

1) 바쁜 일상 속에서 우선순위의 차이

예를 들어, 지수는 친구 민호에게 "이번 주말에 영화 보러 갈래?"라고 문자를 보냈다. 그러나 민호는 직장에서 급한 프로젝트를 처리하느라 문자를 확인하고도 답장을 보내지 못했다. 지수는 민호가 자신을 무시한다고 생각했지만, 사실 민호는 일이 끝난 뒤 답장을 보내려고 했던 것이다.

- **해결법** : 상대방이 답장을 늦게 한다고 해서 무조건 무시하거나 관심이 없다고 단정 짓지 말자. 상대방의 상황을 이해하고 기다리는 여유를 가지는 것이 필요하다.

2) 문자 내용이 애매하거나 답하기 어려울 때

철수는 친구 지연에게 "우리 다음 주에 언제 만날까?"라고 보냈다. 하지만 지연은 다음 주 일정이 불확실해서 즉시 답하기 어려웠다. 고민 끝에 지연은 "조금 더 생각해보고 답할게."라는 답장을 보냈다.
- **해결법** : 상대방이 답하기 쉽게 구체적인 질문을 보내는 것이 좋다. 철수가 "다음 주 화요일 저녁 7시, 이탈리안 레스토랑은 어때?"처럼 구체적으로 제안했다면 답장이 너 빨리 왔을 수 있다.

3) 문자보다 대화를 선호하는 사람

문자를 잘 확인하지 않거나, 긴 대화를 문자로 하기 불편해하는 사람도 있다. 예를 들어, 수현은 문자 대신 전화를 더 선호하는 사람이다. 친구에게서 "잘 지내?"라는 짧은 문자를 받고도, 답장 대신 직접 전화를 했다.
- **해결법** : 상대방의 소통 방식을 이해하고, 문자가 아니라 다른 소통 방법을 활용할 수 있다. 답장이 늦는다고 해서 소통의 의지가 없는 것은 아니다.

2. 답장이 늦을 때의 바람직한 태도

1) 상대방의 상황을 먼저 고려하기

답장이 늦으면 "바쁜가 보다."라고 긍정적으로 생각하며 여유를 가지자. 성급한 판단은 오히려 관계에 부담을 줄 수 있다.

2) 부담스럽지 않은 방식으로 다시 연락하기

답장이 오지 않을 때는 "혹시 문자 확인했어?"처럼 부담을 주지 않는 방식으로 다시 물어볼 수 있다.

3) 문자가 아닌 다른 방법 시도하기

급한 일이면 직접 전화를 걸거나, 메시지 앱 외의 방법으로 소통을 시도하는 것도 방법이다.

3. 답장을 잘 받기 위한 팁

1) 문자 내용을 간결하고 명확하게 작성하기

긴 문장은 읽기가 부담스러울 수 있다. 간단한 메시지로 전달하려는 내용을 명확히 표현하자.

"주말에 영화 볼래?" → "이번 주 토요일 2시, 영화 볼래?"

2) 감정적 표현을 줄이고 객관적으로 말하기

답장이 없다고 해서 "왜 답장 안 해?" 같은 감정적 표현은 피하자.

대신 "바쁜가 봐. 시간 날 때 답장 줘."처럼 상대방을 배려하는 메시지가 좋다.

4. 소통은 이해와 배려가 기본

문자 메시지는 간편한 소통 도구지만, 모든 상황에 효과적이지 않을 수 있다. 답장이 늦는 상황은 상대방의 사정 때문일 가능성이 크므로, 섣부른 판단보다는 여유 있는 마음으로 기다려보자. 중요한 것은 답장 속도가 아니라, 대화의 질과 서로에 대한 배려다. 이런 태도를 유지하면 답장이 늦어도 관계에 불필요한 갈등이 생기지 않을 것이다.

처음 만난 사람에게 무슨 말을 해야 할까요?

처음 만난 사람과의 대화는 누구에게나 긴장되는 순간이다. 무슨 말을 해야 할지 몰라 어색한 침묵이 흐르기도 한다. 하지만 적절한 대화의 시작과 몇 가지 간단한 원칙만 있다면, 어색함을 덜고 자연스럽게 소통할 수 있다.

1. 어색함을 깨는 첫인사와 공감

첫 만남에서 가장 중요한 것은 상대방에게 편안함을 주는 첫인사다. 지나치게 긴장하거나 형식적인 말을 할 필요는 없다. 가벼운 인사와 함께 공감할 수 있는 주제를 던져보자.

지호는 회사 워크숍에서 처음 만난 팀원 서윤에게 다가가 이렇게 말했다.

"안녕하세요, 저는 지호입니다. 이런 워크숍 자주 와 보셨어요? 저는 처음이라 좀 낯설어요."

서윤은 "저도 처음인데요. 이런 자리는 항상 긴장되더라고요."라고 답하며 대화가 자연스럽게 이어졌다.

- **팁** : 첫인사 뒤에는 자신의 감정이나 경험을 살짝 공유하면 상대방이 편안하게 반응할 수 있다.

2. 관찰을 통해 화제를 찾기

상대방의 외모, 소지품, 행동 등을 자연스럽게 관찰하고 칭찬이나 질문으로 대화를 시작할 수 있다. 너무 개인적인 질문은 피하고, 상대가 답하기 편한 주제를 선택하자.

민희는 처음 만난 사람과 대화가 서툴렀지만, 상대방의 책을 보고 이렇게 말을 걸었다.

"그 책 요즘 인기 많던데, 재미있나요? 저도 읽어볼까 고민 중이었거든요."

상대방은 "아, 이 책이요? 정말 좋아요. 심리학에 관심 있으시면 추천해요."라며 대화를 이어갔다.

- **팁** : 상대가 들고 있는 물건, 입고 있는 옷, 주변 상황 등을 관찰하며 자연스럽게 질문을 던져보자.

3. 상대방 중심의 질문하기

사람들은 대개 자신에 대해 이야기하는 것을 좋아한다. 처음 만난 사람에게는 상대방이 답하기 쉽고 부담스럽지 않은 질문을 던지자. 특히, 관심사나 일상적인 주제를 활용하면 대화가 원활해진다.

대학 동아리 모임에서 민수는 처음 만난 선배에게 이렇게 물었다. "선배는 어떤 전공하세요? 저는 경제학인데 아직 뭘 해야 할지 잘 모르겠어요."

선배는 "아, 저는 경영학이요. 경제학이랑 겹치는 부분도 많아서 흥미롭겠네요."라며 자신의 경험을 이야기하기 시작했다.

- 팁 : "요즘 어떻게 지내세요?", "취미가 뭐예요?" 같은 개방형 질문은 상대방의 관심사를 파악하는 데 도움이 된다.

4. 공통점을 찾고 확장하기

대화를 나누다 보면 공통의 관심사나 경험을 찾을 수 있다. 이를 활용해 대화를 확장하면 처음 만남의 어색함을 줄이고 친밀감을 형성할 수 있다.

소정은 친구의 결혼식에서 옆자리 사람과 대화를 나누기 시작했다. "여기 음식 정말 맛있네요. 결혼식에서 이런 메뉴는 처음 봐요."

옆자리 사람은 "맞아요, 저도 너무 맛있어서 놀랐어요. 혹시 이 근처 자주 오세요?"라며 대화를 이어갔다.

- 팁 : 공통점을 찾으면 그 주제를 깊이 있게 이야기하며 친근감을 쌓을 수 있다.

5. 유머와 긍정적인 태도로 대화하기

가벼운 유머나 긍정적인 태도는 대화의 분위기를 밝게 만든다. 지나치게 진지하거나 부정적인 이야기는 피하고, 즐거운 분위기를 유지하도록 하자.

동호회 첫 모임에서 재윤은 이렇게 말했다.

"제가 요리 동호회에 온 건 좋은 요리를 배우려는 것도 있지만, 사실은 맛있는 음식을 먹으려는 의도가 더 커요."

사람들이 웃음을 터뜨리며 "저도 그래요!"라고 말하며 대화가 자연스럽게 흘러갔다.

- **팁** : 유머는 분위기를 풀어주는 훌륭한 도구지만, 과하거나 상대방을 불편하게 만드는 농담은 피해야 한다.

6. 대화는 소통의 시작

처음 만난 사람에게 말을 거는 것은 긴장될 수 있지만, 소통은 완벽함보다 진정성을 우선시한다. 작은 인사 한마디, 상대방을 향한 관심과 배려가 대화의 시작이다. 대화 중 어색한 순간이 있어도 이를 자연스럽게 받아들이고, 서로의 이야기에 귀 기울이는 태도를 유지하면 첫 만남의 어색함은 금세 사라질 것이다. 중요한 것은 상대방을 이해하고 존중하려는 마음이다.

07

농담했는데 상대가 화난 것 같아요, 왜죠?

농담은 분위기를 가볍게 만들고 유대감을 형성하는 좋은 방법이지만, 때로는 의도와 다르게 상대를 불쾌하게 만들기도 한다. 특히, 농담이 오해를 불러일으키거나 상대방의 감정을 건드렸을 때 갈등으로 이어질 수 있다. 농담으로 인해 상대가 화난 것 같다면, 그 원인을 이해하고 상황을 풀어나가는 것이 중요하다.

1. 농담이 불쾌하게 느껴질 수 있는 이유

1) 상대방의 민감한 주제를 건드렸을 때

민수는 회식 자리에서 동료 수진에게 "수진 씨는 요즘 퇴근도 빨리 하고, 정말 편해 보이네요."라고 농담했다. 하지만 수진은 최근 업무가 줄어든 것에 대한 불안감을 느끼고 있었다. 민수는 가벼운 농담이라고 생각했지만, 수진은 이를 자신의 업무 태도에 대한 비난으로 받아들였다.

- **해결법** : 농담을 하기 전에 상대방의 상황과 감정을 고려하자. 특히, 민감한 주제(외모, 능력, 개인적 사정 등)에 대한 농담은 삼가는 것이 좋다.

2) 농담의 의도가 오해를 불러일으킬 때

혜진은 친구 소라에게 "너는 진짜 뭘 해도 귀엽게 실수하는 게 특기인 것 같아."라고 말했다. 하지만 소라는 평소 자신이 덜렁댄다는 이미지를 바꾸고 싶어 노력 중이었다. 혜진의 말이 칭찬의 의미였더라도, 소라는 이를 부정적으로 받아들였다.

- **해결법** : 농담은 긍정적인 의도를 분명히 하거나, 칭찬과 함께 조심스럽게 표현해야 한다. 예를 들어 "너는 그런 실수도 귀엽게 넘어가서 사람들이 더 좋아하는 것 같아."라고 말했다면 오해를 줄일 수 있다.

3) 상대방의 농담 수용 스타일을 이해하지 못했을 때

사람마다 농담을 받아들이는 스타일이 다르다. 어떤 사람은 가벼운 놀림을 즐기지만, 다른 사람은 이를 불쾌하게 느낄 수 있다. 동호회에서 만난 영호는 처음 만난 사람에게 "딱 봐도 맛집 많이 다니셨을 것 같아요."라고 농담했다. 그러나 상대는 이를 외모에 대한 지적으로 받아들이고 기분 나빠했다.

- **해결법** : 상대방과의 관계가 아직 익숙하지 않을 때는 무난하고 긍정적인 농담을 선택하자. 관계가 깊어진 뒤 상대방의 농담 스타일을 이해하고 조율하는 것이 필요하다.

2. 농담으로 화가 난 상황을 해결하는 방법

1) 상대방의 감정을 즉시 확인하고 사과하기

상대가 화난 것 같다면, 즉시 "내가 한 말이 불편하게 들렸다면 미안해요. 그런 의도가 아니었어요."라고 사과하자. 이는 상대의 감정을 인정하고 상황을 진정시키는 데 효과적이다.

2) 의도를 설명하며 대화를 풀어가기

"제가 그 얘기를 한 건 그냥 농담으로 한 거였어요. 혹시 기분 나쁘셨다면 바로 사과드릴게요."처럼 자신의 의도를 설명하며 대화를 이어가면 오해를 풀 수 있다.

3) 상대방의 반응을 받아들이고 존중하기

상대가 여전히 불편함을 느낀다면, 억지로 상황을 무마하려 하지 말고 상대의 감정을 존중하는 태도를 보이자.

3. 긍정적인 농담을 위한 팁

1) 공통의 경험이나 안전한 주제 선택하기

예를 들어, "오늘 날씨 진짜 여름 같아요. 저만 더운 건 아니죠?"처럼 가벼운 주제로 시작하면 부담이 없다.

2) 상대방을 칭찬하거나 격려하는 농담 사용하기

"너 정말 열심히 하니까, 사람들이 너 보고 배울 것 같아."처럼 긍정적인 요소를 강조하는 농담은 좋은 인상을 남긴다.

3) 상황과 관계를 고려하기

관계가 가까울수록 농담의 폭이 넓어질 수 있지만, 상대방이 어떤 주제에 민감할지 항상 고려해야 한다.

4. 농담은 소통의 한 방식

농담은 유대감을 형성하고 분위기를 부드럽게 만들 수 있지만, 그 과정에서 상대방의 감정을 무시해서는 안 된다. 중요한 것은 상대방을 존중하며 배려하는 태도다. 농담이 오해를 불러일으켰다면, 빠르게 사과하고 상황을 정리하면 된다. 농담의 목적은 즐거움을 주는 것이므로, 상대가 편안하게 받아들일 수 있는 방식을 찾는 것이 소통의 핵심이다.

08

소개팅에서 말이 끊길 때 어떻게 해야 할까요?

소개팅은 처음 만나는 사람과 대화를 시작해야 하는 자리이기에 긴장이 되고, 말이 끊기는 어색한 순간이 생길 수 있다. 이런 상황은 누구에게나 익숙한 경험이지만, 몇 가지 간단한 방법만 알면 대화를 자연스럽게 이어갈 수 있다. 중요한 것은 상대방과의 대화 흐름을 살피며 편안한 분위기를 만드는 것이다.

1. 말이 끊기는 이유는 무엇일까?

1) 긴장감으로 인해 서로 주저할 때

예를 들어, 유진은 소개팅에서 상대가 대화를 주도해 주기를 기대했지만, 상대도 같은 마음이었다. 둘 다 긴장해서 "네, 그렇죠." 같은 짧은 대답만 주고받으며 어색한 침묵이 흘렀다.

 - **해결법** : 이런 상황에서는 상대를 기다리기보다 자신이 먼저 간

단한 질문이나 주제를 제시하는 것이 좋다. 유진이 "소개팅 자리는 항상 긴장되네요. 혹시 이런 자리 자주 나오세요?"라고 말을 걸었다면, 대화가 자연스럽게 시작됐을 것이다.

2) 공통 관심사를 찾지 못했을 때

민수는 소개팅 자리에서 상대가 영화 이야기를 꺼내자 "저는 영화 잘 안 봐요."라고 말하며 대화를 마무리했다. 이 말을 들은 상대는 다른 주제를 꺼내기 어려워 침묵이 이어졌다.

- **해결법** : 설령 상대방이 이야기한 주제에 익숙하지 않더라도, 열린 태도로 질문하며 관심을 보여야 한다. 예를 들어, 민수가 "영화는 잘 안 보지만, 추천해 주실 만한 영화가 있나요?"라고 물었다면 대화가 이어졌을 것이다.

2. 대화가 끊길 때 활용할 수 있는 방법

1) 질문으로 대화를 이끌기

말이 끊길 때는 상대방이 편안하게 이야기할 수 있도록 질문을 던지는 것이 효과적이다. 질문은 단순히 "네/아니오"로 답할 수 있는 폐쇄형보다는 대화의 폭을 넓히는 개방형 질문이 좋다.

혜진 : "요즘 여가 시간에 주로 뭐 하세요?"

상대 : "등산을 자주 다녀요."

혜진 : "와, 멋있어요. 최근에 가본 산 중에 가장 기억에 남는 곳

은 어디였어요?"

질문은 상대방이 더 깊이 이야기할 수 있는 기회를 주며, 대화를 자연스럽게 이어가게 한다.

2) 주변 환경을 활용하기

주변 환경은 대화 주제를 찾는 데 좋은 도구다. 장소, 날씨, 음식 등 가벼운 주제를 활용하면 부담 없이 대화를 시작할 수 있다.

지훈은 소개팅 카페에서 침묵이 흐르자, "이 카페 인테리어 정말 독특하네요. 여기 자주 오세요?"라고 물었다. 상대는 "아니요, 처음 와 봤어요. 분위기 괜찮은 것 같아요."라며 대화를 이어갔다.

3) 자신의 이야기를 적당히 꺼내기

상대방이 대화를 주도하지 못한다면, 자신의 경험이나 취미를 자연스럽게 이야기하며 분위기를 풀어보자. 단, 자신만 이야기하지 않고 상대에게 연결 질문을 던지는 것이 중요하다.

소라는 "최근에 요리 학원 다니기 시작했어요. 요즘 파스타 만드는 데 푹 빠졌어요. 혹시 좋아하는 요리 있으세요?"라고 물으며 상대에게 대화의 기회를 주었다.

4) 가벼운 유머로 분위기 풀기

어색한 침묵을 깨는 데 유머만큼 효과적인 것은 없다. 진지한 분위기보다 가볍고 긍정적인 태도로 대화를 이끌어 보자.

민호는 대화가 끊기자 웃으며 "아, 이 정도로 조용하면 둘 다 신중한 성격인가 봐요. 그래도 오늘은 제가 더 많이 말해볼게요!"라고 농담하며 대화를 이어갔다.

3. 말이 끊기지 않으려면?

1) 소개팅 전에 간단한 주제를 준비하기

영화, 음악, 취미, 여행 등 상대가 부담 없이 이야기할 수 있는 가벼운 주제를 미리 생각해 두자.

2) 상대방의 반응에 집중하기

상대가 이야기할 때 적극적으로 고개를 끄덕이거나 맞장구를 치면, 상대가 더 말하고 싶은 마음이 생긴다.

3) 침묵을 두려워하지 않기

모든 순간을 대화로 채우려 하기보다, 잠시 쉬어가는 침묵도 자연스러운 일임을 받아들이자. 오히려 여유 있는 태도가 긍정적인 인상을 줄 수 있다.

4. 대화는 함께 만드는 과정

소개팅에서 말이 끊기는 것은 누구에게나 일어날 수 있다. 중요한 것은 대화의 완벽함이 아니라, 상대방과 함께 편안하고 자연스러운 분위기를 만드는 것이다. 질문, 공감, 유머를 활용하며 대화를 이어간 다면, 어색함을 극복하고 즐거운 시간을 보낼 수 있을 것이다. 대화 는 한쪽이 이끌어가는 것이 아니라, 서로의 관심과 배려로 만들어지 는 소통의 과정이다.

09

팀 프로젝트, 내가 의견을 내도 될까요?

팀 프로젝트에서 의견을 내는 것은 쉽지 않은 일이다. 특히 팀원들이 더 경험이 많아 보이거나 분위기가 이미 형성된 상황이라면 자신의 의견이 받아들여질지 걱정되기 마련이다. 하지만 팀 프로젝트는 협업을 기반으로 하기에, 다양한 의견이 공유될수록 더 나은 결과를 얻을 수 있다. 중요한 것은 적절한 타이밍과 방식으로 의견을 전달하는 것이다.

1. 왜 의견을 내기 어려울까?

1) 경험 부족에 대한 두려움

민수는 첫 팀 프로젝트에서 경험이 많은 선배들 사이에서 의견을 내는 것이 부담스러웠다. 자신이 잘못된 의견을 낼까 걱정되어 회의 시간 동안 침묵했다.

- **해결법** : 모든 의견이 완벽할 필요는 없다. 다양한 관점이 프로 젝트에 기여할 수 있음을 기억하자. 민수가 "제가 경험이 많지 않지만, 이런 아이디어는 어떨까요?"라고 말했다면 팀원들이 그의 의견을 긍정적으로 받아들였을 것이다.

2) 거절에 대한 두려움

소라는 프로젝트 회의에서 새로운 접근법을 제안하고 싶었지만, 팀장이 자신의 의견을 무시할까 봐 말을 꺼내지 못했다.

- **해결법** : 모든 의견이 받아들여질 필요는 없다. 중요한 것은 의 견을 통해 소통의 기회를 만드는 것이다. 소라가 "이 부분에 대해 다른 방법도 생각해 봤는데, 한번 논의해 보면 좋을 것 같아요."라고 말했다면, 의견을 거절당하더라도 팀의 소통에 기여할 수 있었을 것이다.

2. 의견을 내기 위한 올바른 방법

1) 타이밍을 고려하자

회의 중 적절한 순간을 포착하는 것이 중요하다. 모든 사람이 논의 중일 때 끼어들기보다는, 논의가 잠시 멈췄을 때 의견을 제시하자.

지훈은 팀장이 발표 자료를 검토하던 중 "이 부분에서 조금 더 시각적인 자료를 추가하면 어떨까요?"라고 조심스럽게 의견을 냈다. 팀장은 "좋은 생각이네요. 한번 시도해 보죠."라며 그의 아이디어를 채택했다.

2) 구체적이고 간결하게 말하자

의견이 명확하지 않거나 장황하면 팀원들이 이해하기 어렵다. 간결하게 핵심만 전달하자.

혜진은 "이 방법은 예산을 줄이고 시간을 절약할 수 있을 것 같아요. 한 번 적용해 보면 어떨까요?"라고 말했다. 팀원들은 그녀의 의견에 명확성을 느끼고 더 자세히 논의했다.

3) 팀의 목표를 중심으로 제안하자

개인의 입장보다는 팀의 목표를 강조하면 의견이 더 설득력을 가진다.

민수는 "이 아이디어가 팀의 목표인 고객 만족도를 높이는 데 기여할 수 있을 것 같아요."라고 말했다. 팀원들은 그의 의견을 팀의 목표와 연결해 긍정적으로 받아들였다.

4) 대안을 제시하며 의견을 보강하자

의견을 제안할 때 가능한 대안을 함께 제시하면 더 구체적인 논의가 가능하다.

소라는 "기존 방법도 좋지만, 다른 아이디어로 이런 방식을 생각해 봤어요. 두 가지를 비교해서 결정하면 어떨까요?"라고 말했다. 팀원들은 그녀의 제안을 통해 다양한 가능성을 검토할 수 있었다.

3. 의견을 낸 후 피드백을 받아들이자

의견이 항상 채택되지 않을 수 있다. 이때 거절에 낙담하기보다, 피드백을 통해 배울 점을 찾는 것이 중요하다.

지훈은 새로운 디자인 아이디어를 제안했지만, 팀장은 "좋은 시도지만, 현재 방향성과는 맞지 않을 것 같아요."라고 말했다. 지훈은 "그렇군요. 다음에는 방향성을 더 고려해 보겠습니다."라고 답하며 긍정적인 태도를 보였다.

4. 팀 프로젝트에서 의견을 내는 태도

1) 자신감 있게 의견을 내자

팀 프로젝트는 다양한 아이디어를 기반으로 한다. 자신의 의견이 팀에 새로운 관점을 줄 수 있다는 믿음을 가지자.

2) 상대를 존중하며 소통하자

의견을 제시할 때는 상대방의 의견도 함께 존중하며 대화의 장을 열어야 한다.

3) 소통은 협력의 과정이다

의견을 내는 것은 개인의 목소리를 전달하는 동시에 팀의 성공에 기여하는 과정이다. 의견을 통해 팀원들과 더 깊이 연결될 수 있다.

5. 나의 의견이 팀에 기여할 수 있다

팀 프로젝트에서 의견을 낸다는 것은 단지 아이디어를 전달하는 것이 아니라, 팀과 함께 성장하는 과정이다. 올바른 타이밍과 태도로 의견을 제시하면, 팀원들과의 신뢰를 쌓고 프로젝트의 성과를 높일 수 있다. 의견을 내는 것을 주저하지 말고, 적극적으로 참여하며 팀의 성공에 기여해 보자. 모든 아이디어는 더 나은 결과로 나아가는 첫걸음이다.

전화 공포증, 어떻게 극복하죠?

전화 공포증은 많은 사람들이 겪는 소통의 어려움 중 하나다. 전화로 대화하는 상황에서 긴장하거나, 실수할까 봐 두려워하는 감정이 이 문제의 핵심이다. 하지만 몇 가지 방법을 통해 전화 공포증을 극복하고, 자신감 있게 전화 소통을 할 수 있다.

1. 전화 공포증이 생기는 이유는 무엇일까?

1) 비언어적 단서 부족

전화는 얼굴 표정이나 몸짓과 같은 비언어적 단서를 볼 수 없기에, 말로만 소통해야 한다. 이로 인해 상대방의 반응을 정확히 이해하기 어렵고 긴장하게 된다.

2) 실수에 대한 두려움

민지는 고객 지원 업무를 맡고 있지만, 전화만 하면 말이 엉키고 실수를 할까 봐 불안해했다. 이런 두려움이 전화 공포증을 더 키우는 요인이 되었다.

3) 즉각적인 반응에 대한 부담감

문자나 이메일은 답변 시간을 조절할 수 있지만, 전화는 즉각적으로 반응해야 한다는 압박감이 공포를 유발할 수 있다.

2. 전화 공포증을 극복하는 방법

1) 전화 내용을 미리 준비하기

전화 전에 대화의 목적과 주요 내용을 간단히 정리하면 자신감을 가질 수 있다.

지훈은 상사에게 보고 전화를 하기 전, 전할 내용을 메모에 간단히 정리했다. "프로젝트 진행 상황, 다음 주 일정"처럼 주요 키워드를 적어두니 말을 놓치지 않고 차분히 전달할 수 있었다.

- **팁** : 준비한 내용을 참고하되, 지나치게 대본에 의존하지 않도록 자연스러운 대화를 연습하자.

2) 간단한 전화부터 연습하기

짧고 간단한 전화부터 연습하면 부담이 덜하다. 예를 들어, 음식 주문 전화나 문의 전화를 통해 전화 소통의 자신감을 키워보자.

소라는 처음엔 가까운 카페에 전화해 메뉴를 문의하는 연습을 했다. "안녕하세요, 오늘의 추천 메뉴가 무엇인가요?" 같은 간단한 대화로 점차 긴장감을 줄일 수 있었다.

3) 전화 전 심호흡하기

전화 전 심호흡을 하면 긴장을 완화할 수 있다. 3초 동안 깊게 들이마시고, 천천히 내쉬는 것을 반복하며 마음을 안정시키자.

혜진은 중요한 전화를 걸기 전, 심호흡을 하며 "내가 준비한 내용을 차분히 전달하면 된다."라고 스스로를 다독였다. 이 방법으로 긴장을 줄이고 더 자신감 있게 통화할 수 있었다.

4) 통화 중 침묵을 두려워하지 않기

대화 중 잠시 침묵이 흐르는 것은 자연스러운 일이다. 침묵을 채우려는 압박감을 느끼기보다는, 여유를 가지고 필요한 말을 차분히 꺼내자.

민수는 통화 중 상대방의 질문에 답이 떠오르지 않았을 때, "잠시만요, 확인해 볼게요."라고 말했다. 상대방은 그의 태도를 긍정적으로 받아들였고, 민수도 부담을 덜 수 있었다.

5) 전화 소통 후 피드백하기

전화를 끝낸 후, 대화를 복기하며 잘한 점과 개선할 점을 기록해 보자. 작은 성취감을 느끼며 점점 자신감을 키울 수 있다.

지훈은 통화를 마친 뒤, "내가 대화의 흐름을 잘 유지했구나. 다음엔 더 친근하게 인사를 시작해 보자."라고 자신을 칭찬하며 다음 통화를 준비했다.

3. 전화 공포증을 극복한 후의 변화

혜진은 처음엔 전화 한 통을 걸기도 힘들어했지만, 연습과 작은 성공을 통해 자신감을 얻었다. 이제는 전화 통화가 더 이상 두렵지 않고, 오히려 대화를 통해 더 나은 소통을 할 수 있게 되었다.

4. 전화 소통의 핵심

전화 공포증은 완벽한 통화가 아니라, 작은 성공을 통해 자신감을 쌓아가는 과정이다. 준비, 연습, 그리고 자신을 격려하는 태도를 유지한다면, 전화 소통은 더 이상 두려운 일이 아니라 자연스러운 소통의 도구가 될 것이다. 전화는 단순히 말을 전달하는 것이 아니라, 관계를 형성하는 중요한 소통의 한 방식이다.

(11)

부모님과 대화가 어렵다면 나만 이상한 걸까요?

부모님과의 대화가 어려운 경험은 누구나 한 번쯤 겪어봤을 것이다. 세대 차이, 기대치, 그리고 서로의 소통 방식이 다르기 때문에 발생하는 자연스러운 현상이다. 하지만 이를 극복하고 건강한 대화를 만들어 가는 것은 충분히 가능하다. 중요한 것은 서로를 이해하려는 노력과 적절한 소통 방식이다.

1. 왜 부모님과 대화가 어려울까?

1) 세대 차이와 경험의 차이

부모님과 자녀는 서로 다른 시대와 문화를 살아왔기에, 가치관과 소통 방식이 다를 수 있다. 예를 들어, 소라는 부모님께 자신의 진로 고민을 이야기하려 했지만, 부모님은 "우리 때는 하고 싶은 일을 선택할 여유도 없었어."라고 답하며 소라의 마음을 헤아리지 못했다.

- **해결법** : 부모님과의 대화를 시작할 때, 세대 차이를 인정하고 이를 다리 삼아 소통을 시도하자. 소라가 "엄마, 저희 세대에서는 이런 고민이 흔한 것 같아요. 엄마 때와는 조금 다를 수도 있지만 들어주시면 좋겠어요."라고 말했다면 대화의 기회를 열 수 있었을 것이다.

2) 서로의 기대치 차이

부모님은 자녀에게 높은 기대를 가지고 있고, 자녀는 그 기대에 대한 부담을 느낄 때가 많다. 민수는 부모님이 "공부 좀 더 열심히 해라."라고 말할 때마다 비난으로 느껴져 대화 자체를 피하게 되었다.

- **해결법** : 부모님의 기대가 자녀를 위한 마음에서 나온 것임을 이해하려 노력하자. 민수가 "부모님이 저를 걱정하시는 건 알겠어요. 하지만 지금 제 방식대로 해보고 싶어요. 결과로 보여드릴게요."라고 말했다면, 부모님도 그의 입장을 더 이해할 수 있었을 것이다.

3) 감정적 표현과 방어적인 태도

부모님과 대화 중 서로 감정적으로 반응하면 갈등으로 이어지기 쉽다. 혜진은 어머니와 집안일 문제로 대화하던 중 "왜 저한테만 잔소리하세요?"라고 감정적으로 반응했고, 어머니도 "네가 더 도와주지 않으니까 그렇지."라며 말다툼이 커졌다.

- **해결법** : 감정을 표현하되, 차분한 태도로 이야기하려 노력해야
  한다. 혜진이 "엄마, 저도 일을 도와드리고 싶어요. 하지만 요즘
  조금 힘들었어요. 다음엔 조금씩 더 해볼게요."라고 말했다면
  갈등을 줄일 수 있었을 것이다.

2. 부모님과 대화를 더 원활하게 만드는 방법

1) 공감의 대화를 시도하기

부모님의 말을 단순히 받아들이기보다, 그들의 감정과 의도를 공감하며 대화하자.

민수가 부모님의 꾸중을 들으며 "부모님이 제가 잘되길 바라는 마음에서 그러신 거죠? 걱정해 주시는 것 같아 감사해요. 저도 최선을 다해 볼게요."라고 말했다. 부모님은 민수의 태도에 감동하며 대화를 긍정적으로 이어갔다.

2) 나 전달법 사용하기

부모님께 자신의 감정을 전달할 때, "왜 매번 그렇게 하세요?" 같은 다소 공격적인 표현 대신, "저는 이런 부분이 힘들게 느껴져요."처럼 자신의 감정을 중심으로 이야기하자.

소라는 "아빠가 저를 걱정하시는 건 알지만, 계속 그렇게 말씀하시면 제가 조금 위축되는 것 같아요."라고 말했다. 아버지는 소라의 감정을 이해하며 대화의 방식을 바꾸기 시작했다.

3) 공통의 관심사로 시작하기

부모님과 대화가 어려울 때, 가벼운 주제로 시작하면 대화의 문을 열기 쉽다. 음식, TV 프로그램, 가족 이야기처럼 공통의 관심사를 활용해 보자.

혜진은 어머니와 대화가 어렵다고 느낄 때, "엄마, 저녁 때 그 요리 정말 맛있었어요. 레시피 좀 알려주세요."라고 물으며 자연스럽게 대화를 시작했다.

3. 대화가 힘든 순간, 잠시 멈추는 것도 방법

부모님과의 대화가 격해지거나 감정적으로 치닫는다면, 잠시 멈추고 마음을 진정시키는 것이 중요하다. 감정이 가라앉은 후 다시 대화를 시도하면 더 나은 결과를 얻을 수 있다.

민수는 부모님과의 대화가 고조되었을 때, "지금은 조금 생각이 많아서 나중에 다시 이야기하면 좋겠어요."라고 말했다. 이후 차분히 대화를 재개하며 서로를 이해할 수 있었다.

4. 부모님과의 대화는 관계를 개선하는 기회

부모님과의 대화가 어렵다고 해서 나만 이상한 것은 아니다. 이는 대부분의 사람들이 겪는 자연스러운 경험이다. 중요한 것은 대화의 목적을 갈등이 아닌 이해로 설정하고, 서로의 감정을 존중하며 소통하려는 노력이다. 부모님과의 대화는 관계를 더 깊고 건강하게 만드

는 과정임을 기억하자. 대화는 서로를 이해하고 연결하는 다리이며,
그 시작은 작은 노력에서 출발한다.

친구가 제 비밀을 다른 사람에게 말했어요, 어떻게 대처하죠?

친구에게 믿고 털어놓은 비밀이 다른 사람에게 전달되었다면, 배신감과 실망감을 느끼는 것은 당연하다. 하지만 이 상황에서 감정적으로만 반응하기보다, 문제를 해결하고 관계를 개선하려는 노력이 필요하다. 중요한 것은 친구와의 신뢰를 회복할지, 아니면 경계를 설정할지를 결정하는 것이다.

1. 비밀이 전해진 이유를 이해하기

1) 의도치 않은 실수일 가능성

친구가 악의 없이 말실수를 했을 가능성도 있다. 예를 들어, 수진은 자신의 가족 문제를 친구 혜진에게만 털어놓았다. 그런데 며칠 뒤 다른 친구로부터 "힘들다고 들었어. 괜찮아?"라는 말을 듣고 놀랐다. 혜진은 다른 친구와 대화 중 무심코 수진의 이야기를 꺼냈지만, 이를

2장 일상 속 소통 문제, 어떻게 해결할까? 83

심각하게 여기지 않았다.

- **해결법** : 상황을 바로 판단하기보다는, 친구에게 직접 확인하는 것이 중요하다. 수진이 "혜진아, 내가 너한테만 말했던 가족 얘기가 다른 사람에게도 전해졌더라. 혹시 실수로 말한 건 아닌지 궁금해."라고 물어봤다면, 혜진의 의도를 파악하고 상황을 정리할 기회를 가질 수 있었을 것이다.

2) 친구가 비밀의 중요성을 이해하지 못했을 때

어떤 사람은 비밀의 중요성을 충분히 인지하지 못하고 가볍게 이야기할 수도 있다. 민수는 자신의 연애 고민을 친구 지훈에게만 말했지만, 지훈은 이를 농담처럼 다른 친구들에게 전했다. 민수는 배신감을 느꼈지만, 지훈은 민수의 감정을 심각하게 받아들이지 못했다.

- **해결법** : 비밀을 털어놓을 때, 그 비밀의 중요성을 명확히 강조하는 것도 필요하다. 하지만 이미 일이 벌어졌다면, "내가 말했던 이야기는 정말 중요한 거라서 너만 알고 있길 바랐는데, 다른 사람에게 전해진 것 같아. 왜 그랬는지 이야기해 줄 수 있어?"라고 물어보는 것이 좋다.

2. 문제를 해결하기 위한 대화 방법

1) 감정을 솔직히 표현하기

친구에게 직접 자신의 감정을 솔직히 이야기하되, 감정적으로 몰

아붙이지 말고 차분히 대화를 시작하자.

혜진 : "내가 너한테만 말한 이야기가 다른 사람에게 전해졌더라. 솔직히 많이 속상했어. 나는 너를 믿고 말한 거였거든."

수진 : "미안해, 그런 줄 몰랐어. 내가 실수했어. 너를 속상하게 하려던 건 아니었어."

이런 대화를 통해 친구가 자신의 실수를 인지하고 사과할 기회를 얻을 수 있다.

2) 상황을 명확히 확인하기

무조건 친구를 비난하기보다는, 비밀이 어떻게 전달되었는시 상황을 정확히 파악하는 것이 중요하다.

민수 : "내가 너한테만 말한 얘기가 다른 사람에게 전해졌어. 혹시 네가 말한 거라면, 어떤 상황에서 그렇게 된 건지 듣고 싶어."

지훈 : "아, 그 얘기구나. 사실 다른 친구랑 이야기하다가 무심코 얘기했어. 정말 미안해. 깊이 생각하지 못했어."

이렇게 대화를 통해 문제의 경위를 알면, 이후 관계를 어떻게 할지 더 명확히 결정할 수 있다.

3) 신뢰를 다시 설정하기

친구가 진심으로 사과하고 잘못을 인정한다면, 신뢰를 회복할 기

회를 줄 수 있다. 다만, 같은 일이 반복되지 않도록 경계를 설정하는
것도 필요하다.

> 혜진 : "이번 일은 내가 너무 실망했지만, 네가 사과해 줘서 고마
> 워. 앞으로는 정말 조심해 줬으면 좋겠어. 나도 조심할게."

3. 비밀이 퍼졌을 때 나를 보호하는 방법

1) 대화 주제를 조율하기

다른 사람들에게 퍼진 비밀로 인해 불편함을 느낄 때는, 대화 주
제를 바꿔 상황을 완화하자.

"그 이야기는 오래된 거라 신경 쓰지 마세요. 요즘은 다른 일에 집
중하고 있어요."

2) 비밀을 공유할 사람을 신중히 선택하기

이번 경험을 바탕으로, 비밀을 털어놓기 전에 신뢰할 수 있는 사람
인지 신중히 판단하자.

3) 자신의 감정을 스스로 다독이기

배신감이 들 때는 자신을 다독이며, 상대방의 행동이 내 가치를
결정짓지 않음을 기억하자.

4. 친구와의 관계는 선택이다

친구가 나의 비밀을 말한 상황에서 가장 중요한 것은, 이 관계를 어떻게 설정할 것인지 스스로 결정하는 것이다. 친구가 진심으로 사과하고 신뢰를 회복하려는 태도를 보인다면 관계를 이어갈 수 있지만, 반복적인 행동이 이어진다면 거리를 두는 것도 필요하다. 비밀을 털어놓는 것은 신뢰를 바탕으로 이루어지는 소통이며, 이 경험을 통해 더 건강한 관계를 만들어 나갈 수 있다.

13

모임에서 내 말을 아무도 안 들으면, 어떻게 해야 할까요?

모임에서 말을 했는데 아무도 반응하지 않거나, 대화가 다른 방향으로 흘러가 버리면 좌절감을 느낄 수 있다. 이런 상황은 종종 대화의 흐름, 타이밍, 또는 소통 방식의 문제에서 비롯된다. 하지만 좌절하지 않고 몇 가지 전략을 활용하면, 모임에서 더 효과적으로 자신의 목소리를 낼 수 있다.

1. 왜 내 말을 아무도 안 들을까?

1) 타이밍이 맞지 않을 때

모임에서 대화의 흐름과 무관한 이야기를 하거나, 다른 사람이 말하고 있을 때 말을 끼어들면 주목받기 어려울 수 있다. 예를 들어, 민수는 회의 중 팀장이 프레젠테이션 주제에 대해 논의하는 순간에 "점심 시간은 어떻게 정할까요?"라고 말했다. 팀원들은 그의 말을 무시하고 본론으로 돌아갔다.

- **해결법** : 대화의 흐름을 읽고, 적절한 타이밍에 자신의 의견을 내는 것이 중요하다. 민수가 "점심 시간 이야기는 나중에 정리할게요. 지금 프레젠테이션 주제에 대해 제 생각을 말해도 될까요?"라고 말했다면, 더 주목받을 수 있었을 것이다.

2) 발언이 모호하거나 설득력이 부족할 때

발언이 너무 간단하거나 논리적이지 않으면, 다른 사람들이 그 말을 중요하게 여기지 않을 수 있다. 혜진은 동아리 모임에서 "이번 활동은 좀 더 재미있게 해야 하지 않을까요?"라고 말했지만, 다른 사람들은 구체적인 내용이 없어 관심을 가지지 않았다.

- **해결법** : 자신의 말을 더 구체적이고 설득력 있게 전달하자. 예를 들어, 혜진이 "이번 활동에서 팀별 퀴즈 대회를 추가하면 더 재미있을 것 같아요. 예산도 크게 들지 않을 것 같은데, 어떻게 생각하세요?"라고 말했다면, 더 많은 반응을 얻었을 것이다.

3) 주목받지 못하는 태도

발언할 때 자신감이 부족하거나 목소리가 작다면, 다른 사람들이 무의식적으로 관심을 덜 가질 수 있다. 예를 들어, 소라는 모임에서 의견을 내며 계속 고개를 숙이고 작은 목소리로 말했다. 결국 대화는 다른 주제로 넘어갔다.

- **해결법** : 자신감 있는 태도와 또렷한 목소리로 말하는 연습이 필요하다. 소라가 "이번 프로젝트에서는 제 생각에 이런 방법이 효과적일 것 같아요."라고 또렷하게 말했다면, 다른 사람들의 관심을 끌 수 있었을 것이다.

2. 모임에서 내 말을 주목받게 하는 방법

1) 눈맞춤과 바른 자세로 말하기

대화할 때 상대방과 눈을 맞추고, 자신감 있는 자세로 발언하면 사람들의 주목을 끌 수 있다.

지훈은 회의에서 "제가 하나 제안 드리고 싶은 게 있는데요."라고 말하며 팀원들을 한 명씩 바라보았다. 그의 태도는 팀원들의 관심을 끌었고, 이후 그의 의견에 대한 논의가 이어졌다.

2) 다른 사람의 말을 경청한 후 발언하기

다른 사람의 의견을 인정하고, 그 위에 자신의 의견을 더하면 대화에 자연스럽게 녹아들 수 있다.

혜진 : "아까 민수 씨가 예산 문제를 이야기했는데, 그 부분과 관련해 제가 아이디어를 하나 제안해 봐도 될까요?"

민수 : "좋은 생각이에요. 말씀해 보세요."

3) 발언 전에 관심을 끌기

중요한 이야기를 할 때는 대화의 흐름을 잡아야 한다.

소라는 "잠시만요, 제가 생각한 아이디어가 있는데 들어봐 주실래요?"라고 말하며 잠깐 대화의 흐름을 끊고 주목받았다. 이후 그녀의 의견은 모임에서 논의의 중심이 되었다.

4) 질문을 활용해 대화를 이끌기

단순히 자신의 의견을 말하기보다, 질문을 통해 다른 사람들이 대화에 참여하도록 유도하자.

민수 : "이 아이디어에 대해 어떻게 생각하세요? 혹시 디 좋은 방법이 있을까요?"

질문은 대화의 흐름을 유지하면서 사람들의 주목을 받는 데 효과적이다.

3. 말을 들어주지 않을 때 대처하는 법

1) 다시 한번 주의를 요청하기

"잠시만요, 제가 조금 전에 이야기했던 부분에 대해 의견을 듣고 싶어요."처럼 간단히 주목을 요청해 보자.

2) 발언의 적절성을 점검하기

내 의견이 대화 주제와 관련이 있는지, 또는 필요한 정보를 충분히 제공했는지 점검하자.

3) 다른 방식으로 소통 시도하기

만약 직접적인 대화가 어려운 상황이라면, 이메일이나 메모 등 다른 방법으로 자신의 의견을 전달할 수도 있다.

4. 내 말은 중요한 메시지다

모임에서 내 말을 아무도 듣지 않는다고 해서 나의 의견이 중요하지 않은 것은 아니다. 대화의 흐름을 읽고, 자신감 있게 말을 전하며, 필요하면 적극적으로 주목을 요청하자. 대화는 한 사람이 주도하는 것이 아니라, 모두가 함께 만들어 가는 과정이다. 내 목소리는 그 과정에서 꼭 필요한 부분이라는 자신감을 가지고 소통을 이어가자.

14

솔직함과 무례함의 경계는 어디일까요?

솔직함은 대화에서 중요한 덕목이지만, 때로는 상대방에게 무례하게 받아들여질 수 있다. 솔직한 표현이 효과적으로 전달되려면, 상대의 감정을 배려하고, 상황에 맞는 방식을 선택해야 한다. 중요한 것은 진실을 전달하면서도 상대방이 상처받지 않도록 배려하는 태도다.

1. 솔직함과 무례함이 혼동되는 이유

1) 솔직함이 지나치게 직설적일 때

솔직함이 상대방의 감정을 고려하지 않고 지나치게 직설적으로 표현되면 무례하게 들릴 수 있다.

혜진은 친구 소라가 새로 산 옷을 보여주며 "어때?"라고 물었을 때, "그거 별로야. 너한테 안 어울려."라고 말했다. 혜진은 솔직한 답변을 했지만, 소라는 상처를 받았다.

- **해결법** : 솔직함이 필요할 때는 부드럽게 전달하는 방법을 택하자. 혜진이 "색상은 예쁜데, 다른 스타일이 더 잘 어울릴 것 같아."라고 말했다면, 소라는 덜 상처받았을 것이다.

2) 상대방의 상황과 맥락을 고려하지 않을 때

상황에 맞지 않는 솔직함은 상대방에게 부정적인 영향을 줄 수 있다.

민수는 동료 지훈의 발표를 듣고 나서 "발표가 너무 지루했어."라고 말했다. 민수는 개선을 위한 피드백을 주고 싶었지만, 지훈은 무시당했다고 느꼈다.

- **해결법** : 솔직한 피드백을 줄 때는 상대방이 받아들일 준비가 되었는지 확인하고, 긍정적인 부분과 함께 전달하자. 예를 들어, "자료는 흥미로웠는데, 발표에 조금 더 생동감을 주면 더 좋을 것 같아요."라고 말했다면 지훈도 피드백을 더 수용할 수 있었을 것이다.

2. 솔직함과 무례함의 경계를 지키는 방법

1) 배려와 공감의 태도로 전달하기

솔직함이 상대방에게 상처를 주지 않으려면, 배려와 공감을 바탕으로 표현해야 한다.

소라는 친구에게 "요즘 많이 힘들어 보여. 내가 도와줄 게 있을까?"라고 말했다. 솔직한 우려를 표현하면서도 상대를 배려하는 태도를 보였다.

2) 상대방의 입장에서 생각하기

말을 하기 전에 "내가 이런 말을 들었다면 어떻게 느꼈을까?"를 생각해 보자.

혜신은 동료에게 "너 요즘 일에 집중 못 하는 것 같아."라고 말하고 싶었지만, 이를 "혹시 요즘 일이 많이 힘드세요? 제가 도와드릴 수 있는 게 있을까요?"라고 바꿔 말했다. 같은 내용이라도 더 부드럽고 배려 있게 전달할 수 있었다.

3) 긍정적인 표현으로 시작하기

비판적인 내용이 필요할 때는 긍정적인 부분을 먼저 언급한 후, 개선점을 말하는 것이 효과적이다.

민수는 후배의 작업 결과물에 대해 "이 부분은 정말 잘했어. 그런데 여기서 조금만 더 보완하면 더 완벽해질 것 같아."라고 말했다. 이는 후배에게 동기부여를 주며 개선을 유도하는 효과를 낳았다.

4) 상황과 관계에 맞는 언어를 선택하기

가까운 관계일수록 솔직함의 정도가 커질 수 있지만, 공적인 자리에서는 좀 더 신중한 언어를 사용하는 것이 필요하다.

지훈은 상사에게 "이 전략은 잘못됐어요."라고 말하는 대신, "이 전략에 이런 개선점을 추가하면 더 효과적일 것 같습니다."라고 표현하며 공손함을 유지했다.

3. 솔직함을 활용하는 기술

1) 진심을 전달하기

솔직함은 진심에서 우러나와야 한다. 상대방을 비난하거나 상처 주려는 의도가 아니라, 도움이 되길 바라는 마음이어야 한다.

2) 타이밍을 고려하기

솔직한 표현이 필요한 순간과 그렇지 않은 순간을 구분하자. 예를 들어, 상대방이 이미 지쳐 있거나 예민한 상황이라면, 솔직한 피드백은 잠시 미루는 것이 좋다.

3) 구체적으로 말하기

모호한 솔직함은 오해를 부를 수 있다. "너 정말 게으른 것 같아." 대신, "이번 프로젝트에서 조금 더 적극적으로 참여했으면 좋겠어요."라고 구체적으로 말하자.

4. 솔직함과 무례함의 차이는 '배려'다

솔직함은 진실을 전달하려는 의도에서 비롯되지만, 무례함은 상대방의 감정을 고려하지 않은 표현에서 시작된다. 상대를 배려하며, 진심을 담아 솔직하게 말한다면, 관계를 해치지 않고도 원하는 메시지를 전달할 수 있다. 솔직함은 신뢰를 쌓는 도구이며, 그 경계는 배려와 공감으로 지켜진다.

15

SNS 소통, 얼마나 자주 해야 할까요?

SNS는 현대인의 소통에서 중요한 역할을 하지만, 얼마나 자주 소통해야 할지는 고민이 될 수 있다. 너무 자주 소통하면 부담을 느낄 수 있고, 너무 드물면 관계가 소원해질까 걱정되기도 한다. 중요한 것은 빈도보다는 소통의 질이며, 개인의 라이프스타일과 관계의 특성에 맞는 균형을 찾는 것이 핵심이다.

1. SNS 소통이 어려운 이유는 무엇일까?

1) 빈도에 대한 압박감

혜진은 친구들의 SNS 활동 빈도가 자신보다 많아 보이자 "나도 매일 올려야 하나?"라는 압박감을 느꼈다. 하지만 그 빈도를 맞추려다 보니 피곤함을 느끼기도 했다.

- **해결법** : SNS는 소통의 도구일 뿐, 모든 관계를 유지하기 위한

필수 조건이 아니다. 자신의 편안함을 기준으로 적절한 빈도를 설정하는 것이 중요하다.

2) 반응에 대한 부담감

민수는 친구들이 올린 게시물에 매번 반응하지 않으면 소원해질까 걱정했다. 하지만 모든 게시물에 댓글을 다는 것이 점점 부담스럽게 느껴졌다.

- **해결법** : 모든 게시물에 반응하기보다, 진심으로 공감이 가는 게시물에만 자연스럽게 반응해도 충분하다. "모든 것에 반응해야 한다."는 생각을 버리고, 소통의 진정성에 집중하자.

2. SNS 소통, 얼마나 자주 해야 할까?

1) 관계의 중요도에 따라 조율하기

친구나 가족처럼 가까운 사람일수록 더 자주 소통하는 것이 관계 유지에 도움이 된다. 반면, 지인 수준의 관계라면 간간이 소식을 확인하며 적당히 반응해도 괜찮다.

소라는 절친과 매일 메시지를 주고받았지만, 회사 동료의 SNS 게시물에는 주 1~2회 정도만 반응했다. 가까운 관계와 그렇지 않은 관계를 구분하며 소통의 빈도를 조율한 것이다.

2) 편안함을 기준으로 정하기

SNS 소통은 스트레스가 아닌 즐거움이어야 한다. 자신의 일정을 고려해, 부담되지 않는 선에서 소통 빈도를 정하자.

민수는 바쁜 주중에는 SNS 활동을 거의 하지 않았지만, 주말에 시간을 내어 친구들의 게시물을 확인하고 댓글을 남겼다. 이렇게 스스로 정한 규칙이 SNS 사용에 대한 부담을 줄였다.

3) 상황에 맞게 유연하게 소통하기

소통 빈도는 상황에 따라 유동적으로 조정할 수 있다. 특별한 이벤트가 있을 때는 소통 빈도를 늘리고, 개인적으로 바쁜 시기에는 줄이는 방식이 효과적이다.

혜진은 친구가 생일에 올린 게시물에 특별히 정성스러운 댓글을 남겼고, 평소에는 간단히 "좋아요"를 눌렀다. 상황에 따라 소통의 강도를 조절한 것이다.

3. SNS 소통에서 주의할 점

1) 소통의 질에 집중하기

단순히 반응하는 것보다 진심이 담긴 메시지나 댓글이 더 큰 영향을 준다. "생일 축하해!"보다 "생일 축하해! 올해는 너한테 정말 좋은 일만 가득했으면 좋겠어."처럼 구체적인 메시지가 더 효과적이다.

2) 과도한 SNS 의존 피하기

SNS에서의 소통이 모든 관계를 대체하지 않는다. 중요한 관계는 전화나 직접 만남을 통해 더욱 깊이 있게 유지하는 것이 필요하다.

3) 비교와 압박에서 벗어나기

다른 사람의 SNS 활동을 기준으로 삼지 말자. 자신에게 맞는 방식과 빈도를 찾는 것이 중요하다.

4. SNS 소통은 선택이다

SNS 소통은 관계를 유지하고, 가까운 사람들과 연결될 수 있는 좋은 도구다. 하지만 빈도에 얽매이기보다, 자신의 삶에 맞는 방식으로 소통하는 것이 더 중요하다. 진정성 있는 소통은 빈도보다 관계의 깊이를 더하는 데 효과적이다. 자신의 리듬에 맞게 SNS를 활용하며, 관계의 균형을 찾아가자.

16

가벼운 갈등이 큰 싸움으로 번졌어요, 왜일까요?

작은 갈등이 예상치 못하게 큰 싸움으로 번지는 경우가 종종 있다. 이는 단순한 의견 차이가 감정적으로 격화되거나, 쌓여 있던 감정이 폭발하며 발생하는 경우가 많다. 이런 상황에서는 갈등이 확대된 원인을 이해하고, 어떻게 소통해야 하는지 배우는 것이 중요하다.

1. 가벼운 갈등이 큰 싸움으로 번지는 이유

1) 감정의 개입

갈등이 커지는 주된 이유는 대화가 논리적인 논의에서 벗어나 감정 싸움으로 변질될 때다.

민수는 친구 혜진과 점심 메뉴를 고르는 도중 "너는 항상 고집이세."라고 말했다. 혜진은 평소 민수의 이런 태도에 불만을 느끼고 있었고, "너는 나한테 말할 때 항상 비꼬는 것 같아!"라고 반응하며 말다툼이 커졌다.

민수는 단순히 농담했다고 생각했지만, 혜진은 그 말을 비난으로 받아들여 감정적으로 대응했다.

- **해결법** : 의견 차이가 발생했을 때는 상대방의 감정을 자극하지 않도록 주의해야 한다. 민수가 "네가 좋아하는 메뉴로 하자. 난 뭐든 괜찮아."라고 부드럽게 말했다면 갈등이 커지지 않았을 것이다.

2) 누적된 불만의 폭발

갈등의 원인이 현재 상황뿐만 아니라 과거의 누적된 불만에서 비롯되는 경우도 많다.

소라는 동료 지훈에게 업무 분담에 대한 불만을 얘기하다가, "이번 뿐 아니라 항상 내가 다 하잖아!"라고 감정적으로 폭발했다. 지훈은 이 문제를 처음 들었기 때문에 당황하며 방어적으로 반응했다.

이처럼 과거의 감정이 누적되어 현재의 작은 갈등을 증폭시킬 수 있다.

- **해결법** : 누적된 불만은 즉각적으로 해결하는 것이 중요하다. 소라가 "이전에 몇 번 비슷한 일이 있었는데, 이번 기회에 함께 해결 방법을 찾아보면 좋겠어."라고 말했다면, 더 건설적인 대화가 가능했을 것이다.

3) 상대방의 의도를 오해할 때

갈등이 발생했을 때 상대의 말을 곧이곧대로 받아들이기보다, 의도를 오해해 감정적으로 반응하는 경우도 있다.

혜진이 "이번 발표 준비는 부족한 것 같아."라고 말했을 때, 민수는 이를 자신의 능력에 대한 비판으로 받아들여 "너는 항상 내 일을 깎아내리려고 해."라고 말했다. 하지만 혜진은 단순히 발표 내용을 더 보완하자는 의도로 이야기한 것이었다.

- **해결법** : 상대방의 말을 오해하지 않도록 의도를 확인하는 것이 중요하다. 민수가 "부족하다고 느낀 부분이 어떤 점인지 알려줄 수 있어?"라고 물었다면 대화는 훨씬 평화로웠을 것이다.

2. 가벼운 갈등을 효과적으로 해결하는 방법

1) 감정을 진정시키고 대화하기

감정이 격해지면 이성을 잃고 불필요한 말이 오갈 수 있다. 잠시 시간을 두고 감정을 가라앉힌 후 대화하자.

지훈과 소라는 업무 문제로 갈등이 격해지자 "잠시만요, 지금은 감정이 격해서 제대로 얘기하기 어려운 것 같아요. 조금 있다가 다시 이야기해요."라고 말하며 시간을 가졌다. 이후 차분히 대화를 재개하며 갈등을 해결했다.

2) '나 전달법' 사용하기

비난보다는 자신의 감정을 중심으로 대화를 이어가자.

혜진이 "너는 왜 항상 내 말을 무시해?" 대신 "네가 내 의견을 듣지 않는 것처럼 느껴질 때 나는 조금 속상해."라고 말했다면, 민수도 더 차분히 대화에 응했을 것이다.

3) 문제에 집중하기

갈등이 확대되지 않도록, 본래의 문제에만 집중하고 불필요한 과거 이야기를 꺼내지 말자.

민수와 지훈은 업무 분담에 대한 갈등 중 서로의 개인적인 단점까지 언급하며 싸움이 커졌다. 반면, "이번 업무 분담에 대해서만 이야기해 보자."라고 문제를 좁혔다면 갈등을 효과적으로 해결할 수 있었을 것이다.

4) 상대방의 입장을 이해하기

갈등을 해결하려면 상대방의 관점도 이해하려는 노력이 필요하다.

소라는 지훈에게 "네가 바빠서 어려웠던 건 이해해. 하지만 나도 일이 많아서 도와줄 사람이 필요했어."라고 말했다. 이처럼 상대방을 이해하려는 태도는 갈등을 완화하는 데 도움이 된다.

3. 큰 싸움으로 번진 갈등을 되돌리려면?

1) 사과와 인정

갈등이 커진 뒤에는 진심 어린 사과로 대화를 재개하는 것이 중요하다. "내가 조금 감정적으로 말했어. 미안해." 같은 말은 상대방의 방어적인 태도를 누그러뜨릴 수 있다.

2) 갈등 해결 의사 표현

"우리 이 문제를 잘 해결하고 싶어. 너는 어떻게 생각해?" 같은 대화는 갈등을 협력적으로 풀어가도록 유도한다.

3) 미래를 위한 약속

같은 갈등이 반복되지 않도록, "다음부터는 이런 일이 생기면 바로 얘기하자." 같은 약속을 통해 관계를 개선할 수 있다.

4. 갈등은 소통의 기회다

가벼운 갈등이 큰 싸움으로 번진다고 해서 관계가 무너지는 것은 아니다. 오히려 이런 경험은 서로를 더 깊이 이해하고, 더 나은 소통 방식을 배울 기회가 될 수 있다. 중요한 것은 감정을 다스리고, 상대방을 존중하며 문제에 집중하는 태도다. 갈등은 대화와 이해를 통해 충분히 해결할 수 있으며, 더 건강한 관계로 나아가는 계기가 될 수 있다.

17

아무리 설명해도 상대가 이해 못 할 때는?

누군가에게 자신의 생각이나 정보를 설명했는데, 상대가 이해하지 못하는 상황은 누구나 겪어봤을 것이다. 이럴 때는 답답함을 느낄 수 있지만, 상대의 입장에서 소통 방식을 점검하고 조정하면 문제를 해결할 수 있다. 중요한 것은 한쪽의 잘못이 아니라, 서로의 소통 방식이 맞지 않았을 가능성을 염두에 두고 접근하는 것이다.

1. 왜 상대가 내 설명을 이해하지 못할까?

1) 설명이 상대의 수준에 맞지 않을 때

민수는 신입 동료에게 회사의 복잡한 업무 프로세스를 설명하면서 전문 용어를 자주 사용했다. 하지만 동료는 생소한 용어 때문에 내용을 이해하지 못하고 계속 헷갈렸다.

- **해결법** : 상대방의 지식 수준이나 경험에 맞춰 설명하자. 민수가

"이 부분은 이런 방식으로 간단히 생각하면 돼요. 먼저 이 단계부터 시작해 볼게요."라고 설명했다면, 동료는 더 쉽게 이해할 수 있었을 것이다.

2) 상대가 상황을 충분히 이해하지 못할 때

혜진은 친구 소라에게 자신의 연애 고민을 털어놓으며 "그 사람이 너무 이기적이야."라고 말했다. 하지만 소라는 상황을 제대로 이해하지 못해 "그래도 한 번 더 이해해 주는 게 어때?"라고 답했다. 혜진은 소라가 자신의 말을 공감하지 않는다고 느껴 답답했다.

- **해결법** : 상대가 상황을 제대로 이해하도록 구체적인 배경을 설명하자. 혜진이 "그 사람이 내가 준비한 중요한 날에도 계속 자기 일만 신경 쓰더라."라고 구체적으로 설명했다면, 소라가 더 잘 이해하고 공감했을 것이다.

3) 상대의 관심과 집중 부족

지훈은 친구에게 자신의 새로운 사업 아이디어를 열정적으로 설명했지만, 친구는 대화 도중 휴대폰을 자주 확인하며 내용을 놓쳤다. 지훈은 친구가 이해하지 못하는 이유를 자신에게서 찾으며 자책했다.

- **해결법** : 상대방의 집중이 필요한 상황임을 부드럽게 알리자. 지훈이 "이 이야기가 나한테는 중요해서, 잠깐만 집중해 줄 수 있어?"라고 요청했다면, 친구가 더 주의를 기울였을 것이다.

2. 상대가 이해하도록 도와주는 방법

1) 쉽고 간단한 언어로 설명하기

복잡한 내용을 쉽게 풀어 설명하는 것이 중요하다. 전문 용어나 긴 문장을 피하고, 핵심만 전달하자.

민수는 "이 시스템은 클라이언트와 서버가 복잡하게 상호작용해." 라고 말하기보다, "이 시스템은 데이터를 주고받는 방식으로 작동해." 라고 간단히 설명했다.

2) 비유나 예시를 활용하기

상대가 쉽게 이해할 수 있도록 일상적인 예시를 사용하자.

혜진은 친구에게 "마케팅 전략을 수립해야 해."라고 말하자 친구가 이해하지 못했다. 그래서 "쉽게 말하면, 사람들이 내 상품을 더 좋아하도록 이야기하는 방법을 만드는 거야. 예를 들어, 내가 맛집을 운영하면, 어떤 메뉴를 광고할지 정하는 거지."라고 비유를 들어 설명했다.

3) 상대의 질문을 유도하기

상대방이 모르는 부분을 직접 질문하도록 유도하면, 더 효과적으로 설명할 수 있다.

소라는 "혹시 여기까지 들으면서 이해 안 되는 부분이 있어?"라고 물었다. 친구는 "처음에 말한 부분이 잘 이해가 안 돼."라고 말하며 대화가 자연스럽게 이어졌다.

4) 시각적 자료 활용하기

문제나 아이디어를 설명할 때는 글이나 그림, 도표 같은 시각적 자료를 활용하면 이해를 돕는 데 효과적이다.

지훈은 친구에게 사업 아이디어를 설명하면서 그림으로 작업 과정을 간단히 그려 보여줬다. 친구는 이를 보고 "아, 이제 알겠다!"며 이해했다.

3. 상대가 이해하지 못할 때의 대처법

1) 감정을 자극하지 않기

상대가 이해하지 못한다고 해서 짜증을 내거나 비난하지 말자. "왜 이렇게 못 알아들어?" 대신 "다른 방식으로 설명해 볼게."라고 말하며 대화를 이어가자.

2) 반복과 요약을 활용하기

핵심 내용을 반복하거나 요약하면, 상대가 중요 포인트를 잡는 데 도움이 된다.

"한마디로 말하면, 이 시스템은 데이터를 안전하게 주고받는 방식이야."

3) 상대의 피드백을 받아들이기

"내 설명이 잘 전달되지 않는 것 같아. 네가 이해한 부분을 한 번 말해 줄래?"라고 물으면, 상대의 이해도를 확인하고 설명을 보완할 수 있다.

4. 소통은 조율의 과정이다

아무리 설명해도 상대가 이해하지 못하는 것은 자연스러운 일이다. 소통은 서로의 입장을 이해하고, 방식을 조율해 나가는 과정이다. 상대방의 입장에서 생각하며 다양한 방법을 시도하면, 결국 원하는 메시지를 전달할 수 있다. 중요한 것은 인내심과 유연성, 그리고 상대를 이해하려는 마음이다.

18

단체 채팅방에서 내 말만 묻히는 이유는 뭘까요?

단체 채팅방에서는 많은 사람들이 동시에 소통하기 때문에, 개인의 메시지가 주목받지 못하거나 대화의 흐름에서 벗어날 때가 있다. 이런 상황이 반복되면 소외감을 느낄 수 있지만, 단체 채팅의 특성을 이해하고 효과적으로 대화하는 방법을 배우면 메시지가 묻히는 문제를 줄일 수 있다.

1. 내 말이 묻히는 이유는 무엇일까?

1) 타이밍의 문제

단체 채팅방은 빠르게 대화가 오가는 공간이다. 메시지를 보낸 순간 다른 주제가 시작되거나, 사람들이 이미 다른 대화를 이어가고 있을 경우 메시지가 묻힐 수 있다.

민수는 단체 채팅방에서 "주말에 뭐 할 거야?"라고 물었지만, 다른 사람들이 이미 영화 이야기를 하고 있어서 그의 질문은 지나가 버렸다.

- **해결법** : 대화의 흐름을 파악한 후, 현재 진행 중인 주제에 맞는 메시지를 보내거나, 대화가 잠잠해질 때 새로운 주제를 꺼내자.

2) 메시지가 모호하거나 흥미를 끌지 못할 때

모호하거나 일반적인 메시지는 다른 사람들에게 크게 흥미를 주지 못할 수 있다.

혜진은 "다들 잘 지내?"라고 단체 채팅방에 보냈지만, 대답이 없었다. 이는 너무 일반적인 질문이라 반응하기 어렵게 느껴졌기 때문이다.

- **해결법** : 더 구체적이고 흥미로운 메시지를 보내자. 예를 들어, "요즘 다들 바쁜 것 같은데, 주말에 같이 만날 시간 있을까?"라고 물었다면 더 많은 대답을 받을 수 있다.

3) 소통 스타일의 차이

단체 채팅방에서는 적극적으로 대화에 참여하는 사람도 있고, 읽기만 하거나 반응을 자주 하지 않는 사람도 있다. 이는 메시지가 묻히는 원인 중 하나다.

소라는 단체 채팅방에서 자주 메시지를 보냈지만, 반응이 적어서 소외감을 느꼈다. 그러나 대부분의 사람들은 메시지를 확인하고도 별다른 반응을 하지 않는 스타일이었다.

- **해결법** : 채팅방의 소통 스타일을 이해하고, 메시지가 꼭 반응을 받아야 한다는 부담을 줄이자.

2. 단체 채팅방에서 메시지가 주목받는 방법

1) 구체적이고 개방적인 질문하기

메시지가 묻히지 않으려면, 사람들의 관심을 끌고 쉽게 대답할 수 있는 구체적인 질문을 던지자.

혜진은 "오늘 점심 뭐 먹었어?"라는 간단한 질문을 던졌고, 사람들이 각자 먹은 메뉴를 공유하며 대화가 이어졌다.

2) 적절한 타이밍에 메시지 보내기

대화가 활발할 때나 새로운 주제가 필요한 순간을 활용해 메시지를 보내자.

민수는 단체 채팅방에서 대화가 잠시 멈춘 후 "이번 주말에 영화 보러 갈 사람 있어?"라고 물었고, 여러 사람이 반응했다.

3) 이모티콘이나 짧은 유머 사용하기

단체 채팅에서는 짧고 가벼운 메시지가 주목받기 쉽다. 이모티콘이나 간단한 유머를 활용해 메시지를 더 눈에 띄게 만들어 보자.

소라는 "내가 이번 주말에 직접 만든 케이크 먹어볼 사람? (맛은 장담 못 함)"이라는 메시지를 보내며 유머를 섞어 사람들의 반응을 이끌어냈다.

4) 다른 사람의 메시지에 먼저 반응하기

다른 사람의 메시지에 반응하면서 자연스럽게 대화에 참여하면, 내 메시지도 더 주목받을 가능성이 높아진다.

혜진은 친구의 "새로운 카페에 갔다 왔어."라는 메시지에 "어땠어? 분위기 좋아?"라고 답하며 대화를 이어갔다. 이후 그녀가 새로운 질문을 던졌을 때, 다른 사람들도 적극적으로 대답했다.

3. 메시지가 묻혔을 때 대처법

1) 메시지를 다시 상기시키기

"아까 물어봤던 거 다시 물어볼게~ 주말에 뭐 할 거야?"처럼 대화를 가볍게 다시 꺼내는 것도 방법이다.

2) 반응이 없음을 개인적으로 받아들이지 않기

단체 채팅방은 모두가 바쁘거나 집중하지 않을 수도 있는 공간이다. 메시지에 반응이 없다고 해서 관계가 나빠졌다고 생각하지 말자.

3) 다른 소통 방법 활용하기

중요한 메시지라면 개인 메시지로 보내거나, 직접 대화를 나누는 방법을 시도해 보자.

4. 소통은 타이밍과 배려의 조화다

단체 채팅방에서 내 말이 묻히는 것은 특별한 일이 아니다. 대화의 흐름과 상대방의 소통 스타일을 이해하며, 구체적이고 흥미로운 메시지를 보내는 연습을 통해 더 나은 소통을 할 수 있다. 소통은 메시지의 양이 아니라, 상대와의 연결을 만들어 가는 질적인 과정임을 기억하자.

⑲
사과를 해야 할 때, 어떻게 시작해야 할까요?

사과는 잘못을 인정하고 관계를 회복하기 위한 중요한 소통 방식이다. 하지만 많은 사람들은 사과를 어떻게 시작해야 할지 몰라 망설인다. 사과는 단순히 "미안해"라고 말하는 것 이상으로, 진심 어린 태도와 책임감 있는 표현이 필요하다. 적절한 사과를 통해 갈등을 풀고 신뢰를 회복할 수 있다.

1. 사과가 어려운 이유는 무엇일까?

1) 자존심과 두려움

민수는 동료 혜진과의 대화에서 다소 무례한 말을 했지만, 이를 인정하면 자신이 약해 보일까 봐 사과를 망설였다.

 - **해결법** : 사과는 약함의 표시가 아니라, 성숙함과 책임감을 보여주는 행동이다. 민수가 "내가 무례한 말을 해서 불쾌했을 것

같아. 미안해."라고 진심을 담아 말했다면, 관계가 더 좋아질 수
있었다.

2) 상대방의 반응에 대한 걱정

혜진은 친구 소라에게 약속을 지키지 못한 상황에서, 사과를 꺼내
면 소라가 더 화를 낼까 봐 주저했다.

- **해결법** : 사과는 상대의 감정을 인정하는 첫걸음이다. 혜진이
  "내가 약속을 못 지켜서 너에게 실망을 줬을 것 같아. 미안해."
  라고 말했다면, 소라의 감정을 풀 기회를 줄 수 있었다.

2. 사과를 효과적으로 시작하는 방법

1) 진심으로 잘못을 인정하기

사과의 핵심은 진심이다. 변명하거나 책임을 돌리는 말은 오히려 상황을 악화시킬 수 있다.

혜진 : "어제 내가 말실수를 한 것 같아. 너를 불편하게 만들었을 것 같아서 미안해."

소라 : "그랬구나. 네가 이렇게 말해줘서 고마워."

2) 상대방의 감정을 먼저 인정하기

상대가 느꼈을 감정을 이해하고 공감하는 태도를 보이면, 사과의 진정성이 높아진다.

민수 : "내가 했던 말 때문에 네가 속상했을 것 같아. 정말 미안해."

혜진 : "맞아, 좀 서운했어. 그래도 네가 사과해 줘서 고마워."

3) 구체적으로 잘못을 언급하기

막연히 "미안해"라고 하기보다, 어떤 잘못을 했는지 명확히 언급하면 사과의 효과가 더 크다.

소라 : "내가 너한테 물건 빌려 놓고 늦게 돌려준 거, 정말 미안해. 네가 기다렸을 텐데 배려하지 못했어."

4) 책임감을 표현하기

잘못된 행동에 대해 책임을 인정하고, 앞으로 개선하겠다는 의지를 보여주는 것이 중요하다.

혜진 : "이번에 프로젝트 자료를 늦게 준비해서 네가 고생했지? 다음부터는 더 신경 쓸게. 미안해."

3. 사과 후에는 어떻게 해야 할까?

1) 상대방의 반응을 존중하기

사과를 했다고 해서 상대가 바로 화를 풀거나 용서할 것이라 기대하지 말자. 상대의 감정을 존중하고, 시간이 필요하다면 기다리는 태도가 필요하다.

민수 : "내가 서운하게 한 것 같아 정말 미안해. 네가 천천히 생각해 보고 말해줘도 괜찮아."

2) 행동으로 진정성을 보여주기

사과 후에는 말뿐만 아니라 행동으로도 진심을 보여야 한다.

소라가 약속을 지키지 못해 사과한 후, 다음 약속에는 시간을 철저히 지키며 신뢰를 회복했다.

4. 사과는 관계를 회복하는 다리다

사과는 실수를 인정하고, 상대방과의 관계를 개선할 기회를 제공한다. 진심 어린 태도로 잘못을 인정하고, 상대의 감정을 존중하며 책임감을 표현한다면, 사과는 단순히 잘못을 바로잡는 것을 넘어 더 건강한 관계를 만들어 갈 수 있다. 사과는 소통에서 약함이 아니라, 신뢰를 회복하는 강력한 도구다.

듣는 척만 하지 말라는데, 어떻게 들어야 하죠?

누군가와 대화할 때 "듣는 척만 하지 말고 진짜 들어라"라는 말을 듣는다면, 상대가 나의 경청 태도에 불만을 느꼈을 가능성이 크다. 진정한 경청은 단순히 상대방의 말을 듣는 것 이상으로, 상대의 감정을 이해하고, 대화를 통해 공감과 소통을 이루는 과정이다. 경청의 방법을 이해하면 더 나은 관계를 형성할 수 있다.

1. 왜 "듣는 척"한다고 느낄까?

1) 겉으로만 듣는 태도

상대방의 말을 들으며 고개를 끄덕이거나 "응, 그렇구나"라고 반응하지만, 실제로는 다른 생각을 하고 있을 때 상대는 듣는 척한다고 느낄 수 있다.

민수는 친구 혜진의 고민을 듣는 도중 휴대폰을 확인하며 "음, 그래. 이해해."라고 말했다. 하지만 혜진은 민수가 자신의 말을 제대로 듣고 있지 않다고 느껴 서운했다.

　- **해결법** : 대화에 온전히 집중하는 것이 중요하다. 시선을 상대에게 맞추고, 관심을 보여주는 작은 행동이 신뢰를 형성한다.

　2) 반응이 부족할 때

　상대가 말을 하는 동안 적절한 반응이나 공감을 보이지 않으면, 듣는 태도가 부족하다고 느낄 수 있다.

　소라는 친구 지훈에게 직장에서 있었던 갈등을 이야기했지만, 지훈은 고개만 끄덕이며 아무런 공감을 표현하지 않았다. 소라는 자신이 외면받고 있다고 느꼈다.

　- **해결법** : 상대의 말에 적극적으로 반응하며 공감과 이해를 표현해야 한다.

2. 진정으로 듣는 방법

　1) 상대방의 말에 집중하기

　대화를 시작할 때는 다른 행동을 멈추고 상대에게 온전히 집중하자.

　혜진은 친구 소라의 이야기를 들으며 휴대폰을 내려놓고, 눈을 마주치며 "그래서 어떻게 됐어?"라고 물었다. 소라는 혜진이 자신의 이야기에 진심으로 관심을 가진다고 느꼈다.

2) 공감 표현하기

상대의 말을 듣고, 감정을 이해했음을 짧게 표현하면 신뢰를 형성할 수 있다.

민수는 친구가 직장에서의 스트레스를 이야기하자, "정말 힘들었겠다. 나라도 많이 속상했을 것 같아."라고 말하며 친구의 감정을 공감했다.

3) 적극적으로 질문하기

상대의 말에 질문을 더하면 대화를 깊이 있게 만들 수 있다.

소라 : "요즘 회사 일이 너무 많아서 스트레스야."

혜진 : "그랬구나. 어떤 일이 제일 힘들었어?"

질문을 통해 상대는 더 많은 이야기를 할 수 있었고, 소통이 원활해졌다.

4) 상대의 말을 요약하거나 반복하기

상대가 한 말을 요약하거나 반복하면, 상대가 제대로 들었다고 느낀다.

지훈 : "이번 프로젝트에서 팀원들이 협조를 잘 안 해줘."

민수 : "그러니까 네가 팀원들과 소통이 어려워서 스트레스를 받고 있는 거구나."

5) 감정과 내용을 분리해 듣기

상대의 감정과 전달하고자 하는 내용을 구분해 들으면, 더 명확히 이해할 수 있다.

혜진 : "내 말은 아무도 안 들어주는 것 같아."

소라 : "사람들이 너를 무시한다는 생각이 들었나 봐. 그런 상황
이 계속됐어?"

혜진의 감정을 공감하면서도 구체적인 상황을 파악했다.

3. 듣는 기술을 연습하는 팁

1) '나는 듣고 있다'는 신호 보내기

고개를 끄덕이거나 "맞아, 그랬구나." 같은 짧은 말을 통해 경청 중임을 표현하자.

2) 대화 중 끼어들지 않기

상대가 말을 끝내기 전에 끼어들면, 상대가 방해받았다고 느낄 수있다.

상대가 "그래서 그때…"라고 말하면, 끝까지 들어준 뒤 "그랬구나. 그래서 어떻게 했어?"라고 물어보자.

3) 비언어적 표현 사용하기

고개를 끄덕이거나 미소 짓는 등 비언어적 표현은 상대방에게 큰

안도감을 준다.

4. 듣는다는 것은 연결의 시작이다

진정한 경청은 상대방과의 연결을 강화하고, 더 깊은 신뢰를 형성하는 중요한 기술이다. 상대의 말을 온전히 듣고 공감과 질문을 통해 소통을 이어가면, 단순한 대화를 넘어 서로를 이해하는 관계로 발전할 수 있다. 듣는다는 것은 말보다 강력한 소통의 도구이며, 마음을 여는 첫걸음이다.

3장

상대방의 마음을
여는 경청의 기술

적극적 경청의 중요성

경청은 소통의 가장 기본적이고 중요한 요소 중 하나다. 하지만 단순히 상대방의 말을 듣는 것만으로는 충분하지 않다. 적극적 경청 (Active Listening)은 상대방이 말하는 내용을 진심으로 이해하고 공감하며, 관심을 가지고 듣는 태도를 의미한다. 이는 상대방이 자신의 말을 듣고, 존중받고, 이해받고 있다고 느끼게 만드는 데 필수적인 요소다. 적극적 경청은 단순히 귀로 듣는 것이 아니라, 마음으로 듣고, 상대방의 입장에 서서 생각하는 것이다.

1. 적극적 경청이란 무엇인가?

적극적 경청은 대화를 나누는 동안 상대방의 말에 집중하고, 상대방의 의도와 감정을 이해하려는 태도를 보이는 것을 의미한다. 이는 단순히 상대방의 말을 듣는 것이 아니라, 그 말 뒤에 숨겨진 의미와 감정을 파악하려는 노력을 포함한다.

- **집중해서 듣기** : 적극적 경청은 대화에 집중하는 것에서 시작된다. 상대방이 말하는 동안 휴대폰을 확인하거나 딴생각을 하지 않고, 오직 상대방의 말에만 귀를 기울이는 것이 중요하다. 이는 상대방에게 당신이 그와의 대화를 중요하게 여기고 있음을 보여준다.

- **비언어적 신호 사용하기** : 눈 맞추기, 고개 끄덕이기, 미소 짓기 등 비언어적 신호를 통해 상대방에게 진정으로 듣고 있다는 메시지를 전달할 수 있다. 이러한 작은 행동들이 상대방에게 관심과 존중을 전달하는 중요한 방법이다.

- **적극적으로 반응하기** : 상대방의 말을 듣고 적절한 반응을 보이는 것도 적극적 경청의 중요한 부분이다. "맞아요," "그랬군요," "그 부분이 중요하군요,"와 같은 짧은 반응이나 추임새는 상대방이 자신의 말을 듣고 이해받고 있다고 느끼게 만든다.

2. 왜 적극적 경청이 중요한가?

적극적 경청은 상대방과의 소통을 더욱 깊고 의미 있게 만드는 데 필수적이다. 그 이유는 다음과 같다.

- **신뢰와 유대감 형성** : 상대방이 자신의 이야기를 진심으로 들어주는 사람과 대화할 때, 그 사람에 대한 신뢰가 쌓이고 유대감이 형성된다. 적극적 경청은 상대방이 자신이 존중받고 있다고

느끼게 만들며, 이는 서로 간의 관계를 더욱 깊게 하고, 긴밀하게 연결해 준다.

- **갈등 예방과 해결** : 갈등 상황에서 적극적 경청은 오해와 불신을 줄이고, 갈등을 해결하는 데 중요한 역할을 한다. 상대방의 입장과 감정을 진심으로 이해하려는 태도는 대화를 통해 갈등을 조율하고, 문제를 해결하는 첫걸음이 된다. 예를 들어, 팀 내에서 의견 차이가 있을 때, 각자의 의견을 경청하고 이해하려는 노력이 갈등을 완화하는 데 큰 도움을 줄 수 있다.

- **더 나은 의사결정** : 적극적 경청은 대화를 통해 더 많은 정보와 관점을 얻는 데 도움이 된다. 다양한 의견을 수용하고 이해할 때, 디 나은 의사결정을 내릴 수 있는 근거가 마련된다. 예를 들어, 회의 중에 모든 팀원의 의견을 경청하고 이를 종합하여 결정을 내리면, 더 넓은 시각과 다양한 관점을 반영한 결정을 할 수 있다.

3. 적극적 경청을 실천하는 방법

적극적 경청은 훈련과 연습을 통해 누구나 배울 수 있는 기술이다. 다음은 누구나 쉽게 실천할 수 있는 방법들이다.

- **방해 요소 제거하기** : 대화할 때는 휴대폰을 멀리 두고, 상대방에게만 집중할 수 있는 환경을 만드는 것이 중요하다. 시끄러운 장소에서는 상대방의 말에 집중하기 어렵기 때문에, 조용한 환

경을 선택하는 것이 좋다.

- **반복과 요약** : 상대방의 말을 듣고 중요한 부분을 반복하거나 요약하는 것도 효과적인 방법이다. "당신이 말씀하신 내용은 ~인 것 같아요," "제가 이해한 바로는 ~입니다."와 같은 방식으로 상대방의 말을 요약해 주면, 상대방은 자신의 이야기가 잘 전달되었음을 느낄 수 있다.

- **질문하기** : 상대방의 말을 더 깊이 이해하기 위해서는 질문을 하는 것이 좋다. "그 점에 대해 좀 더 자세히 설명해 주시겠어요?" "당신의 생각은 어떤가요?"와 같은 질문을 통해 상대방의 이야기를 더욱 구체적으로 들을 수 있다. 질문은 상대방에게 관심을 갖고 있다는 것을 보여주는 좋은 방법이다.

- **공감하기** : 적극적 경청의 중요한 요소 중 하나는 상대방의 감정에 공감하는 것이다. "그 상황이 정말 힘들었겠어요," "그 이야기를 들으니 이해가 돼요."와 같이 상대방의 감정에 공감하는 표현을 사용하면, 상대방은 자신이 이해받고 있다는 느낌을 받게 된다.

적극적 경청은 소통에서 상대방에게 진정한 관심을 보이고, 그들의 말을 이해하려는 태도를 갖는 것이다. 이를 통해 신뢰와 유대감을 형성하고, 갈등을 예방하며, 더 나은 의사결정을 할 수 있다. 초보자들은 상대방의 말을 주의 깊게 듣고, 비언어적 신호를 사용하며, 요약과 질문, 공감을 통해 경청의 기술을 실천할 수 있다. 적극적 경청은 소통의 질을 높이고, 모든 인간관계에서 긍정적인 변화를 만들어 낼 수 있는 중요한 기술이다.

02
공감적 반응을 통한 신뢰 형성

소통에서 가장 중요한 요소 중 하나는 공감적 반응(Empathic Response)이다. 공감적 반응이란 상대방의 감정과 생각을 이해하고, 이를 적절히 표현하여 상대방이 자신이 이해받고 있다는 느낌을 받게 하는 것을 의미한다. 이러한 반응은 대화의 신뢰를 형성하고, 상대방과의 관계를 더욱 깊고 의미 있게 만든다. 공감적 반응은 상대방이 "이 사람은 나를 진정으로 이해하고 있구나"라는 느낌을 갖게 하여 소통의 질을 높인다.

1. 공감적 반응이란 무엇인가?

공감적 반응은 상대방의 감정을 인정하고, 그 감정을 자신의 것으로 받아들이는 태도를 말한다. 단순히 상대방의 말을 듣는 것에서 그치지 않고, 상대방의 입장에서 상황을 이해하고, 그 감정에 대해 반응하는 것을 의미한다. 공감적 반응은 소통에서 매우 중요한 이유는, 상대방이 자신이 이해받고 있다는 느낌을 받을 때, 마음을 열고 더 솔직하게 이야기할 수 있기 때문이다.

- **상대방의 감정을 이해하기** : 공감적 반응을 보이기 위해서는 먼저 상대방의 감정을 이해해야 한다. 예를 들어, 상대방이 어떤 이야기를 하면서 슬퍼하거나 화를 내고 있다면, 그 감정의 원인을 이해하려고 노력해야 한다. 상대방의 말뿐만 아니라, 표정, 목소리 톤, 몸짓 등 비언어적인 신호도 함께 관찰하는 것이 중요하다.

- **감정을 표현하기** : 상대방의 감정을 이해했다면, 그에 맞는 반응을 보이는 것이 필요하다. "정말 힘들었겠네요," "그 상황에서는 누구나 화가 날 것 같아요."와 같은 표현은 상대방이 자신의 감정을 이해받고 있다는 느낌을 받게 한다.

2. 공감적 반응의 중요성

공감적 반응은 소통에서 신뢰를 형성하고, 깊은 관계를 만들어가는 데 매우 중요하다. 그 이유는 다음과 같다.

- **신뢰 형성** : 공감적 반응은 상대방이 자신이 존중받고 이해받고 있다고 느끼게 만든다. 이는 서로 간의 신뢰를 형성하는 첫걸음이 된다. 신뢰는 모든 인간관계의 기본이며, 특히 갈등이나 어려운 상황에서 더욱 중요하다. 예를 들어, 동료가 스트레스를 받

을 때, "그 일을 맡아서 정말 힘들었겠네요. 내가 도울 수 있는 부분이 있을까요?"라고 말하면, 상대방은 진심으로 이해받고 있다는 느낌을 받아 신뢰가 쌓이게 된다.

- **감정적 연결** : 공감적 반응은 단순한 정보 교환이 아니라, 감정적 연결을 강화한다. 이는 상대방이 더욱 솔직하게 자신의 생각과 감정을 표현할 수 있도록 돕는다. 예를 들어, 친구가 자신의 고민을 이야기할 때, "그 상황에서 정말 속상했겠다"라고 말하면, 친구는 자신이 이해받고 있으며, 더 깊은 이야기를 나눌 수 있는 안전한 공간이라고 느낄 수 있다.

- **갈등 완화** : 갈등 상황에서도 공감적 반응은 큰 도움이 된다. 갈등이 발생할 때, 상대방의 감정을 인정하고 공감하는 태도를 보이면, 상대방은 자신의 감정이 존중받고 있다고 느끼게 된다. 이는 대화의 긴장을 완화시키고, 갈등을 더 쉽게 해결하는 데 도움을 준다. 예를 들어, "당신이 그렇게 느끼는 것도 충분히 이해해요. 그 상황에서는 누구라도 그렇게 느낄 것 같아요."라고 말하면, 상대방은 자신의 감정을 인정받았다고 느끼고, 더 협조적인 태도를 보일 가능성이 커진다.

3. 공감적 반응을 실천하는 방법

공감적 반응은 누구나 훈련과 연습을 통해 배울 수 있는 기술이다. 다음은 누구나 쉽게 실천할 수 있는 방법들이다.

- **상대방의 감정에 집중하기** : 상대방이 말하는 내용을 잘 듣고, 그 안에 담긴 감정에 집중한다. 상대방의 말에서 감정적인 단서를 찾아 그에 맞게 반응한다. 예를 들어, "내가 요즘 너무 바빠서 정말 지쳤어"라고 말할 때, 그 사람의 피로와 스트레스에 집중해 "요즘 많이 힘들었겠네, 충분히 쉬어야 할 것 같아"라고 공감해준다.

- **공감의 표현 사용하기** : 상대방의 감정을 인정하고 이해한다는 표현을 자주 사용한다. "그 기분 이해해", "그런 일이 있었으면 나도 그랬을 것 같아", "정말 속상하겠다"와 같은 말을 사용해 상대방이 자신의 감정을 표현할 수 있도록 돕는다.

- **상대방의 말을 반복하거나 요약하기** : 상대방이 한 말을 요약하거나 반복하여 공감의 표시를 한다. "그러니까, 그 일이 당신에게 정말 중요한 거였군요"라고 말하면, 상대방은 자신의 이야기가 제대로 전달되었음을 느끼고, 더 편안하게 이야기할 수 있게 된다.

- **비언어적 신호 사용하기** : 공감적 반응은 비언어적 신호를 통해 더욱 강화될 수 있다. 고개를 끄덕이거나, 따뜻한 표정을 짓는 등 비언어적 신호는 상대방에게 관심과 이해를 표현하는 좋은 방법이다. 또한, 상대방의 감정에 맞는 목소리 톤과 말투를 사용하는 것도 중요하다. 예를 들어, 상대방이 슬픔을 표현할 때는 부드럽고 낮은 목소리 톤을 사용하면 좋다.

공감적 반응은 상대방의 감정과 생각을 이해하고, 이를 적절히 표현하여 신뢰를 형성하는 중요한 소통 기술이다. 공감적 반응은 소통에서 신뢰와 감정적 연결을 강화하고, 갈등을 완화하는 데 큰 도움이 된다. 상대방의 감정에 집중하고, 공감의 표현을 사용하며, 비언어적 신호를 통해 공감적 반응을 실천할 수 있다. 공감적 반응은 더 나은 소통을 통해 깊은 인간관계를 형성하는 데 중요한 역할을 한다.

질문을 활용한 대화 유도법

질문은 소통에서 매우 강력한 도구다. 질문을 잘 활용하면 상대방이 마음을 열고 더 풍부한 대화를 나눌 수 있게 도와준다. 적절한 질문은 상대방에게 관심을 가지고 있음을 보여주고, 더 많은 정보를 얻는 동시에 상대방의 감정과 생각을 이해하는 데 큰 도움이 된다. 질문을 통해 대화를 이끌어가면, 서로 간의 이해와 신뢰가 더욱 깊어지게 된다.

1. 질문의 역할과 중요성

질문은 소통을 더욱 활발하게 만들고, 대화를 원하는 방향으로 이끌어가는 중요한 수단이다. 질문을 통해 상대방에게 말할 기회를 제공함으로써, 상대방의 생각과 감정을 더 잘 이해할 수 있다. 또한, 질문은 상대방이 자신을 표현할 수 있는 기회를 주며, 자신이 존중받고 있다고 느끼게 만든다. 질문을 잘 활용하면 대화가 더 풍성해지고,

깊이 있는 소통이 가능해진다.

- **상대방의 관심과 생각을 끌어내기** : 질문은 상대방이 자신의 생각이나 감정을 표현하도록 유도한다. 예를 들어, "이 일에 대해 어떻게 생각하세요?"라는 질문은 상대방의 의견을 듣고, 대화를 더욱 풍부하게 만든다.

- **대화를 이어가기** : 질문은 대화의 흐름을 이어가도록 도와준다. 대화 중간에 적절한 질문을 던지면, 대화가 끊기지 않고 지속될 수 있다. 예를 들어, "그렇게 생각하게 된 이유는 무엇인가요?"라는 질문은 상대방이 더 깊이 있는 답변을 하도록 유도한다.

- **상대방의 감정을 확인하기** : 질문은 상대방의 감정을 이해하는 데 도움을 준다. "그 일에 대해 어떻게 느끼셨나요?"와 같은 질문을 통해 상대방의 감정을 확인하고, 공감할 수 있는 기회를 얻을 수 있다.

2. 효과적인 질문의 종류

질문에는 여러 가지 유형이 있으며, 상황에 맞는 적절한 질문을 사용하는 것이 중요하다. 효과적인 질문을 통해 대화를 유도하는 몇 가지 방법을 소개한다.

1) **개방형 질문(Open-ended Questions)** : 개방형 질문은 상대방이 자유롭게 생각을 표현할 수 있는 질문이다. "네" 또는 "아니요"로 답할 수 있는 폐쇄형 질문과는 달리, 개방형 질문은 더 많은

정보를 얻고, 상대방의 감정과 생각을 깊이 이해하는 데 도움이 된다.

- 예 : "이번 프로젝트에 대해 어떻게 생각하세요?" "최근 경험한 일 중에 가장 인상 깊었던 것은 무엇인가요?"

개방형 질문은 대화를 더욱 풍부하게 하고, 상대방이 자신의 생각을 자세히 설명하도록 유도한다. 상대방의 이야기를 더 많이 들을 수 있어, 소통의 질이 높아진다.

2) **명확성 확인 질문**(Clarifying Questions) : 명확성 확인 질문은 상대방의 말이 모호하거나 더 이해가 필요한 경우, 상대방의 의도를 명확히 하기 위해 사용하는 질문이다. 이러한 질문은 오해를 줄이고, 상대방의 말을 정확하게 이해하는 데 도움을 준다.

- 예 : "말씀하신 것 중에서 '효율적인 전략'이라는 표현이 있었는데, 구체적으로 어떤 전략을 말씀하시는 건가요?" "그 부분이 조금 헷갈리는데, 다시 한 번 설명해 주실 수 있을까요?"

명확성 확인 질문은 상대방의 말을 정확하게 이해하고, 소통의 오류를 줄이는 데 중요한 역할을 한다.

3) **탐색형 질문**(Exploratory Questions) : 탐색형 질문은 상대방의 생각과 감정을 더 깊이 탐구하기 위해 사용하는 질문이다. 이러한 질문은 상대방이 특정 주제에 대해 더 깊이 생각하고, 자신

의 관점을 더 명확히 표현하도록 돕는다.

- 예 : "그렇게 생각하게 된 계기가 무엇인가요?" "그 경험이 당신에게 어떤 영향을 주었나요?"

탐색형 질문은 상대방이 자신의 내면을 탐구하도록 도와주며, 대화를 더 깊고 의미 있게 만든다.

3. 질문을 활용한 대화 유도법 실천 방법

질문을 활용한 대화 유도법은 연습을 통해 누구나 배울 수 있는 기술이다. 다음은 쉽게 실천할 수 있는 방법들이다.

- **상황에 맞는 질문 선택하기** : 대화를 시작할 때는 개방형 질문을 사용하여 상대방이 편안하게 자신의 생각을 표현할 수 있도록 유도한다. 예를 들어, "이번 회의에 대해 어떻게 생각하세요?"와 같이 상대방의 의견을 자유롭게 말할 수 있는 질문을 던진다.

- **상대방의 답변에 따라 추가 질문하기** : 상대방이 답변을 했을 때, 그 답변을 기반으로 추가 질문을 던지는 것도 효과적이다. 예를 들어, 상대방이 "이번 프로젝트가 도전적이었어요"라고 말하면, "그 프로젝트에서 가장 어려웠던 점은 무엇이었나요?"라고 추가 질문을 던질 수 있다. 이는 상대방의 이야기를 더 깊이 이해하고, 대화를 이어가게 하는 좋은 방법이다.

- **피드백과 질문 결합하기** : 질문을 할 때는 상대방의 말을 듣고,

피드백을 결합하여 공감을 표현하는 것도 중요하다. 예를 들어, "그 점이 정말 인상적이네요. 더 자세히 설명해 주실 수 있나요?"라고 말하면, 상대방은 자신이 이해받고 있다고 느끼고, 더 솔직하게 이야기할 가능성이 커진다.

- **긍정적인 언어와 태도 유지하기** : 질문을 던질 때는 긍정적이고 열린 태도를 유지하는 것이 중요하다. 상대방이 부담 없이 자신의 생각을 표현할 수 있도록, 부드럽고 친근한 말투로 질문을 한다. 또한, 상대방이 답변하는 동안 끼어들지 않고 끝까지 듣는 것이 중요하다.

질문을 활용한 대화 유도법은 소통에서 상대방의 생각과 감정을 이해하고, 대화를 깊이 있게 이어가는 데 중요한 기술이다. 개방형 질문, 명확성 확인 질문, 탐색형 질문 등을 적절히 활용하여 상대방의 이야기를 이끌어내고, 소통의 질을 높일 수 있다. 상황에 맞는 질문을 선택하고, 상대방의 답변에 귀 기울이며, 피드백과 질문을 결합하는 연습을 통해 질문을 활용한 대화 유도법을 실천할 수 있다. 이를 통해 더 나은 소통과 깊은 인간관계를 형성하는 데 큰 도움이 될 것이다.

04

미묘한 감정을 읽어내는 관찰의 힘

미묘한 감정을 읽어내는 능력은 상대방의 마음을 이해하고 공감하는 데 중요한 역할을 한다. 대화 중에 말로 표현되지 않은 감정은 표정, 몸짓, 목소리 등의 비언어적 신호를 통해 드러난다. 이러한 감정을 민감하게 포착하면, 상대방과의 신뢰를 강화하고 더 깊이 있는 소통을 이룰 수 있다. 감정은 소통의 언어이며, 관찰은 이를 해석하는 열쇠가 된다.

1. 관찰의 중요성과 역할

미묘한 감정을 읽어내는 관찰은 상대방의 감정을 이해하고 대화를 더 풍부하게 만들 수 있다. 상대방의 비언어적 신호를 읽는 것은 말보다 더 많은 정보를 제공하며, 대화의 질을 높이는 데 큰 도움이 된다.

1) 비언어적 신호의 중요성

말로 표현하지 않은 감정은 종종 비언어적 신호에서 드러난다. 예를 들어, "괜찮아"라고 말하면서도 얼굴이 어두운 사람은 실제로 괜찮지 않을 가능성이 높다.

소라는 동료 민수가 "그냥 피곤해서 그래."라고 말했지만, 계속 한숨을 쉬는 것을 보고 그가 고민이 있다는 것을 느꼈다. 이후 "혹시 무슨 걱정이 있는 거야?"라고 물었고, 민수는 자신의 고민을 털어놓기 시작했다.

2) 대화에서의 감정 신호 포착

미묘한 감정을 읽어내면 대화의 맥락을 더 잘 이해할 수 있다. 이는 단순한 정보 전달을 넘어, 서로의 감정을 공유하는 깊은 소통으로 이어진다.

2. 미묘한 감정을 읽어내는 방법

1) 표정과 눈빛 관찰

사람의 얼굴은 감정을 가장 잘 표현하는 부분이다. 미소를 짓고 있어도 눈빛이 어두우면 속마음은 다를 수 있다.

혜진은 친구 소라가 "오늘 정말 재밌었어!"라고 말했지만, 눈을 자주 피하고 미소가 어색한 것을 보고 진심이 아니라는 것을 느꼈다. 그래서 "뭔가 신경 쓰이는 일이 있는 것 같아. 괜찮아?"라고 물으며 대화를 이끌었다.

2) 목소리 톤과 말투 듣기

목소리의 높낮이와 말투는 감정을 반영한다. 목소리가 떨리거나 평소보다 느려지면, 감정적으로 영향을 받은 상태일 가능성이 크다.

지훈은 동료가 발표 후 "괜찮아요, 뭐."라고 말했지만, 목소리가 떨리는 것을 느꼈다. 그래서 "혹시 발표 준비하면서 힘들었던 부분이 있었어?"라고 질문하며 감정을 확인했다.

3) 몸짓과 자세 살피기

사람의 몸짓과 자세는 말로 표현하지 않는 감정을 드러낸다. 팔짱을 끼거나 몸을 뒤로 기울이는 자세는 방어적 태도를 나타낼 수 있다.

소라는 회의 중 동료가 팔짱을 끼고 고개를 돌리는 것을 보고, 회의 내용에 불만이 있다고 느꼈다. 이후 "지금 이야기한 부분에 대해 다른 의견이 있는 거야?"라고 물으며 대화를 유도했다.

4) 행동의 변화 관찰

평소와 다른 행동은 감정 변화의 신호일 수 있다. 갑자기 말수가 줄거나, 사소한 일에도 민감하게 반응하는 것은 마음속에 문제가 있음을 나타낸다.

민수는 동료 혜진이 점심시간에 평소와 달리 조용히 앉아 있는 것을 보고, "오늘 무슨 일 있어 보여. 괜찮아?"라고 물으며 혜진의 감정을 이해하려 노력했다.

3. 미묘한 감정을 읽고 대화로 연결하는 방법

1) 상대방의 감정을 인정하기

상대방이 느끼는 감정을 인정하고 공감하면, 마음을 열고 대화에 참여할 가능성이 높아진다.

"네가 조금 힘들어 보이는데, 무슨 일이 있는 거야?"라는 질문은 상대방이 자신의 감정을 솔직히 표현하도록 돕는다.

2) 비언어적 신호를 기반으로 질문하기

상대의 행동이나 표정을 관찰하고, 그에 맞는 질문을 던지면 대화의 시작점을 만들 수 있다.

"너 지금 말은 괜찮다고 했는데, 표정이 걱정스러워 보여. 무슨 일이야?"라고 물으면 상대방이 자신의 감정을 더 잘 표현할 수 있다.

3) 판단하지 않고 경청하기

상대방의 감정을 읽고 대화를 이어갈 때, 판단하지 않는 태도로 듣는 것이 중요하다. 상대가 부담 없이 이야기할 수 있도록 열린 태도를 유지하자.

4. 미묘한 감정을 읽어내는 힘이 가져다주는 효과

- **신뢰 형성** : 상대방은 자신의 감정을 이해받았다고 느끼며, 신뢰가 쌓인다.
- **깊은 소통** : 단순한 대화에서 벗어나, 감정을 공유하는 더 깊은 소통이 가능해진다.
- **갈등 예방** : 상대방의 감정을 빠르게 이해하고 대처하면, 갈등을 미연에 방지할 수 있다.

미묘한 감정을 읽어내는 관찰은 소통의 핵심 기술이다. 상대방의 비언어적 신호를 민감하게 관찰하고, 공감하며 적절히 대화를 이어가면 더 나은 관계를 형성할 수 있다. 감정은 말보다 진실하고 강력한 소통의 도구라는 점을 기억하자.

침묵을 활용한 효과적인 대화법

침묵은 소통에서 종종 어색하게 느껴질 수 있지만, 잘 활용하면 대화를 더 풍부하고 깊이 있게 만들어주는 강력한 도구가 된다. 침묵은 단순히 말을 멈추는 것이 아니라, 상대방에게 생각할 시간을 주고, 감정을 정리하거나 중요한 내용을 표현할 여유를 제공한다. 적절한 침묵은 대화의 흐름을 조절하며, 상대방이 더 솔직하게 마음을 열 수 있도록 돕는다.

1. 침묵의 역할과 중요성

1) 대화의 여유를 제공

침묵은 대화 중 상대방에게 충분히 생각하고 표현할 시간을 준다. 이는 특히 어려운 주제나 감정적인 대화에서 유용하다.

소라는 친구 혜진에게 "최근에 회사에서 힘든 일이 많았어."라고 말했다. 혜진은 곧바로 답변하지 않고 잠시 침묵하며 고개를 끄덕였다. 소라는 그 침묵 속에서 자신의 이야기를 더 자세히 털어놓으며 대화를 이어갔다.

2) 상대방에게 신뢰감을 전달

침묵은 상대방이 자신의 말을 존중받고 있다고 느끼게 한다. 즉각적인 반응을 강요하지 않음으로써 상대방은 더 편안하게 대화에 임할 수 있다.

민수가 어려운 결정을 이야기하며 고민을 털어놨을 때, 동료 지훈은 급히 조언을 하기보다 잠시 침묵하며 민수의 말을 경청했다. 민수는 지훈이 자신의 이야기를 진지하게 받아들이고 있다고 느꼈다.

3) 감정을 조절하는 시간 제공

감정적으로 격해진 대화에서는 침묵이 감정을 진정시키고, 대화를 건설적으로 이어갈 수 있는 시간을 제공한다.

혜진과 소라가 다툼을 하던 중, 혜진은 잠시 말을 멈추고 침묵하며 감정을 정리했다. 이후 차분한 목소리로 "아까 말했던 부분 다시 얘기해 볼래?"라고 말하며 대화를 이어갔다.

2. 침묵을 활용한 대화법

1) 생각할 시간을 주는 침묵

상대방이 어려운 질문을 받았거나, 감정을 정리해야 할 때 침묵은 상대방이 말할 여유를 준다.

지훈 : "이번 일로 많이 힘들었을 것 같은데, 네 생각은 어때?"

민수 : (잠시 침묵) "맞아, 정말 많이 힘들었어. 그런데 이번 기회에 더 배운 것도 많았어."

지훈은 대화 도중 민수의 침묵을 존중하며 충분히 기다렸고, 민수는 생각을 정리한 후 더 깊이 있는 답변을 할 수 있었다.

2) 대답을 이끌어내는 침묵

침묵은 상대방이 대화를 이어가도록 유도할 수 있다. 상대방이 말을 끝냈다고 느껴질 때 잠시 멈추면, 자연스럽게 추가적인 이야기를 할 가능성이 높아진다.

혜진 : "그 사람이 그때 나한테 그렇게 말했어."

소라 : (침묵하며 고개를 끄덕임)

혜진 : "사실 그래서 내가 더 화가 났던 거야. 그때 상황이 너무 힘들었거든."

소라는 침묵을 통해 혜진이 더 많은 이야기를 할 수 있도록 유도했다.

3) 감정을 조절하는 침묵

격한 감정이 오가는 상황에서, 침묵은 서로의 감정을 진정시키고 대화를 더 차분하게 이어가는 데 도움을 준다.

소라 : "왜 항상 나한테 그런 식으로 말해?"

지훈 : (잠시 침묵) "내가 너무 무심하게 말했나 봐. 미안해, 다시 얘기해 볼게."

지훈은 즉각적으로 반응하지 않고 침묵을 통해 감정을 조절하며 대화를 이어갔다.

4) 의도를 강조하는 침묵

중요한 메시지를 전달하기 전후에 잠시 침묵을 유지하면, 말의 무게감을 더할 수 있다.

민수 : "이번 프로젝트에서 우리가 꼭 기억해야 할 게 있어." (잠시 침묵) "고객의 피드백을 최우선으로 생각하는 거야."

민수는 침묵을 활용해 자신의 메시지를 더 효과적으로 전달했다.

3. 침묵을 활용하는 실천 방법

1) 침묵의 어색함 받아들이기

침묵이 어색하게 느껴질 수 있지만, 이를 자연스럽게 받아들이는 태도가 중요하다. 침묵은 대화를 끊는 것이 아니라, 더 깊은 대화를 위한 연결 고리다.

2) 비언어적 신호 활용하기

침묵 중에도 고개를 끄덕이거나 상대방을 바라보는 등의 비언어적 표현으로 관심을 보여주자.

소라는 동료의 이야기를 들으며 말을 멈추고 눈을 맞추며 고개를 끄덕였다. 상대방은 소라가 자신에게 집중하고 있다는 느낌을 받았다.

3) 적절한 순간에 침묵 사용하기

감정적으로 예민한 순간이나 중요한 결정을 내릴 때, 침묵은 대화를 더 효과적으로 만들 수 있다.

4. 침묵이 가져다주는 효과

- **더 깊은 대화 유도** : 침묵은 상대방이 자신의 생각을 정리하고 더 깊이 있는 이야기를 하도록 도와준다.
- **신뢰 형성** : 침묵은 상대방에게 존중과 배려를 표현하며, 신뢰를 쌓는 데 기여한다.
- **감정 안정** : 감정적인 상황에서 침묵은 대화를 진정시키고 더 건설적인 방향으로 이어지게 한다.

침묵은 단순히 말을 멈추는 것이 아니라, 상대방과 더 깊은 연결을 만드는 강력한 소통 기술이다. 침묵을 적절히 활용하면, 대화를 풍부하게 하고 상대방의 감정을 이해하는 데 큰 도움이 된다. 침묵은 소통의 공백이 아니라, 더 나은 소통을 위한 여유다.

4장

명확하고 설득력 있는
표현의 기술

핵심 메시지를 전달하는 방법

소통에서 가장 중요한 요소 중 하나는 핵심 메시지를 명확하게 전달하는 것이다. 핵심 메시지란, 대화를 통해 상대방에게 전달하고자 하는 가장 중요한 정보나 주장을 의미한다. 많은 사람들이 이야기를 나눌 때 핵심 메시지를 흐리게 하거나 전달하지 못해 상대방이 혼란을 느끼거나 오해를 하게 되는 경우가 많다. 명확하고 설득력 있는 소통을 위해서는 핵심 메시지를 효과적으로 전달하는 기술을 배우는 것이 중요하다.

1. 핵심 메시지란 무엇인가?

핵심 메시지는 우리가 대화를 통해 상대방에게 전달하고자 하는 주요 내용이나 주장을 의미한다. 즉, 소통의 목적과 핵심이 되는 부분이다. 예를 들어, 직장에서 프로젝트의 진행 상황을 보고할 때,

"프로젝트가 예상보다 2주 늦어지고 있으며, 추가 인력이 필요하다"
라는 문장이 핵심 메시지일 수 있다.

- **간결함** : 핵심 메시지는 짧고 간결해야 한다. 메시지가 길어지면
  상대방이 핵심을 파악하기 어려워진다. "많은 이야기를 하고 싶
  지만, 요점은 무엇인가?"라는 생각을 항상 염두에 두어야 한다.
- **명확함** : 핵심 메시지는 모호하거나 복잡하지 않아야 한다. 듣
  는 사람이 쉽게 이해할 수 있도록 명확하게 표현해야 한다. "내
  가 무엇을 말하려고 하는가?"를 분명하게 설정하고, 이를 중심
  으로 메시지를 전달하는 것이 중요하다.

2. 핵심 메시지를 효과적으로 전달하는 방법

핵심 메시지를 효과적으로 전달하기 위해서는 몇 가지 방법을 이
해하고 실천하는 것이 중요하다. 초보자도 쉽게 실천할 수 있는 방법
들을 소개한다.

1) 간결하게 표현하기

핵심 메시지를 전달할 때는 불필요한 설명이나 수식어를 줄이고,
가장 중요한 내용만 간결하게 전달하는 것이 중요하다. 예를 들어, 회
의에서 "현재 매출이 10% 감소했습니다"라고 간결하게 말하는 것이
더 효과적이다. 긴 설명보다는 간단한 문장으로 요점을 전달하면 상
대방이 핵심을 빠르게 파악할 수 있다.

- 예 : "프로젝트의 지연이 우려됩니다"보다는 "프로젝트가 2주 늦어지고 있습니다"라고 명확하게 전달하는 것이 좋다.

2) 핵심 단어와 구절 강조하기

중요한 부분을 강조하기 위해 핵심 단어나 구절을 반복하거나 목소리 톤을 조절하는 것이 도움이 된다. "가장 중요한 점은…", "핵심은…"과 같은 표현을 사용하여 듣는 사람이 핵심 메시지에 집중할 수 있도록 유도한다.

- 예 : "가장 중요한 것은 이번 주에 프로젝트를 완료하는 것입니다."라고 말하면 상대방은 그 주의 과제와 우선순위를 쉽게 이해할 수 있다.

3) 피라미드 구조 사용하기

핵심 메시지를 전달할 때는 피라미드 구조를 사용하는 것이 효과적이다. 피라미드 구조란, 가장 중요한 정보나 결론을 먼저 제시한 후, 그에 대한 근거나 세부 정보를 제공하는 방식이다. 이렇게 하면 상대방은 먼저 핵심 메시지를 이해한 후, 그에 대한 추가적인 설명을 들을 수 있어, 이해하기 쉽고 기억에 오래 남는다.

- 예 : "프로젝트가 2주 지연되고 있습니다. 이유는 인력 부족과 예상보다 긴 검토 과정 때문입니다."라고 먼저 결론을 제시한 후 그에 대한 설명을 덧붙인다.

4) 비유와 예시 활용하기

핵심 메시지를 더욱 명확하게 전달하기 위해서는 비유나 예시를 사용하는 것이 효과적이다. 복잡한 개념을 쉽게 이해할 수 있는 비유나 일상적인 예시로 풀어 설명하면, 상대방이 메시지를 더 잘 이해할 수 있다.

- 예 : "우리는 지금 배의 방향을 바로 잡아야 합니다. 즉, 현재의 전략을 수정하지 않으면 목표를 달성하기 어려울 것입니다."와 같이 비유를 사용하면 상대방이 상황을 쉽게 이해할 수 있다.

5) 시각적 자료 활용하기

특히 중요한 정보나 데이터를 전달할 때는 시각적 자료를 사용하는 것이 좋다. 그래프, 차트, 도표 등을 활용하면 복잡한 정보를 더 명확하게 전달할 수 있다. 시각적 자료는 메시지를 보다 생생하게 전달하고, 상대방이 내용을 더 쉽게 이해하도록 도와준다.

- 예 : "매출이 감소하고 있는 이유를 보여주는 차트가 있습니다. 이 차트를 통해 현재 상황을 더 쉽게 이해할 수 있습니다."라고 말하며 시각적 자료를 제시하면 더 효과적이다.

3. 핵심 메시지 전달을 위한 실천 방법

핵심 메시지를 전달하는 기술은 연습을 통해 누구나 습득할 수 있다. 다음은 누구나 실천할 수 있는 몇 가지 방법이다.

- **핵심을 먼저 생각하기** : 대화를 시작하기 전에, 내가 전달하고자 하는 핵심 메시지가 무엇인지 분명히 정의하는 것이 중요하다. "이 대화를 통해 내가 전달하고자 하는 것은 무엇인가?"를 먼저 생각해보고, 그 메시지를 중심으로 이야기를 구성한다.
- **피드백 요청하기** : 메시지를 전달한 후, 상대방이 잘 이해했는지 피드백을 요청하는 것도 좋다. "제가 설명한 내용이 명확했나요?" "더 설명이 필요하신 부분이 있나요?"와 같은 질문을 통해 상대방의 이해도를 확인할 수 있다.
- **연습하기** : 핵심 메시지를 명확하게 전달하는 연습을 자주 해보는 것이 좋다. 가족이나 친구에게 내가 말하고자 하는 내용을 간단히 설명해보고, 그들이 이해했는지 확인하는 방식으로 연습할 수 있다. 이러한 연습을 통해 점점 더 명확하게 메시지를 전달하는 능력을 기를 수 있다.

핵심 메시지를 전달하는 방법은 명확하고 설득력 있는 소통의 핵심이다. 이를 위해 간결하게 표현하고, 중요한 단어를 강조하며, 피라미드 구조와 비유, 예시를 활용하여 메시지를 명확하게 전달하는 것이 중요하다. 초보자는 대화를 시작하기 전에 핵심 메시지를 분명히 정리하고, 연습을 통해 이 기술을 습득할 수 있다. 이러한 방법을 통해 더 효과적인 소통이 가능하며, 상대방과의 이해와 신뢰를 더욱 강화할 수 있다.

논리적이고 체계적인 말하기 전략

소통에서 논리적이고 체계적으로 말하는 것은 매우 중요하다. 논리적이고 체계적인 말하기란, 자신의 생각과 주장을 명확하게 전달하기 위해 정리된 순서와 구조를 가지고 이야기하는 것을 의미한다. 이렇게 말하면 상대방이 쉽게 이해하고, 당신의 말에 더욱 설득력을 느낄 수 있다. 초보자도 몇 가지 간단한 전략을 통해 논리적이고 체계적인 말하기를 연습할 수 있다.

1. 논리적이고 체계적인 말하기란 무엇인가?

논리적이고 체계적인 말하기는 자신의 생각을 명확하고 일관된 흐름으로 전달하는 기술이다. 이는 메시지를 전달할 때 혼란스럽거나 중구난방으로 말하는 것을 피하고, 상대방이 쉽게 이해할 수 있도록 정보를 순차적으로 제공하는 것이다.

- **논리적 구조** : 말하고자 하는 내용을 서론, 본론, 결론으로 나누어 이야기하는 방식이다. 이 구조는 상대방이 말하는 내용을 쉽게 따라오게 하고, 핵심 메시지를 명확히 이해할 수 있게 돕는다.
- **일관성 유지** : 논리적인 말하기는 일관성을 유지하는 것이 중요하다. 이야기의 흐름이 자연스럽게 이어져야 하며, 앞뒤가 맞지 않거나 불필요한 내용이 삽입되지 않아야 한다.

2. 논리적이고 체계적으로 말하기 위한 3가지 전략

논리적이고 체계적인 말하기를 위해 초보자도 쉽게 따라 할 수 있는 몇 가지 전략을 소개한다.

1) PREP 구조 사용하기

PREP 구조는 Point(주장) - Reason(이유) - Example(예시) - Point(주장 반복)의 약자로, 주장을 명확하고 설득력 있게 전달하는 데 효과적인 방법이다.

- **주장(Point)** : 먼저 전달하고자 하는 핵심 메시지를 명확히 제시한다. "오늘 회의에서는 프로젝트 계획의 수정이 필요하다고 생각합니다."
- **이유(Reason)** : 그다음, 주장을 뒷받침하는 이유를 설명한다. "현재 진행 상황을 보면, 예산과 일정이 크게 벗어나고 있기 때문입니다."

- **예시(Example)** : 주장을 더 구체적으로 설명하기 위해 예시나 사례를 든다. "예를 들어, 지난주에만 예산이 20% 이상 초과되었습니다."
- **주장 반복(Point)** : 마지막으로 다시 한 번 주장을 강조하며 마무리한다. "따라서, 프로젝트 계획을 조정하는 것이 필요합니다."

PREP 구조를 사용하면 메시지를 전달할 때 일관성을 유지하면서도 상대방에게 설득력을 높일 수 있다.

2) 피라미드 원칙 사용하기

피라미드 원칙은 중요한 내용을 먼저 제시하고, 그 후에 이를 뒷받침하는 세부 정보를 제공하는 방식이다. 핵심 메시지를 가장 먼저 제시하여 상대방이 메시지의 요점을 빠르게 파악할 수 있게 한다.

- **주요 메시지부터 시작** : "우리의 새로운 마케팅 전략은 디지털 플랫폼에 집중해야 합니다."
- **세부 정보 제공** : 그런 다음, 그 이유와 세부 정보를 제공한다. "소셜 미디어 사용이 급증하고 있으며, 이는 젊은 소비자층을 대상으로 한 우리의 주요 타겟 시장과 일치하기 때문입니다."
- **논거와 자료 제공** : "최근 조사에 따르면, 18~34세 소비자의 80%가 소셜 미디어에서 제품 정보를 얻는 것으로 나타났습니다."

피라미드 원칙은 청중이 메시지를 쉽게 이해하고 기억할 수 있도록 돕고, 논리적 연결을 유지하면서 주장의 설득력을 높인다.

3) 논리적 연결어 사용하기

논리적인 흐름을 유지하기 위해서는 논리적 연결어를 적절히 사용하는 것이 중요하다. 연결어는 문장과 문장을 이어주어 일관성을 유지하고, 독자가 당신의 논리를 쉽게 따라올 수 있게 한다.

- **추가 설명할 때** : "게다가," "또한," "그리고"
- **이유를 제시할 때** : "왜냐하면," "따라서," "이 때문에"
- **대조를 나타낼 때** : "반면에," "그러나," "하지만"
- **결론을 맺을 때** : "결국," "따라서," "결론적으로"

연결어를 사용하면 문장과 문장이 자연스럽게 이어지고, 논리적인 흐름을 유지할 수 있다.

3. 논리적이고 체계적인 말하기 실천 방법

논리적이고 체계적인 말하기는 연습을 통해 습득할 수 있는 기술이다. 다음은 누구나 실천할 수 있는 몇 가지 방법이다.

- **말할 내용을 미리 정리하기** : 대화를 시작하기 전에 내가 전달하고자 하는 핵심 메시지와 그에 대한 이유, 예시를 생각해보는 것이 좋다. 간단한 메모나 머릿속으로 이야기의 구조를 정리해

보면, 말할 때 더 논리적이고 체계적으로 전달할 수 있다.

- **짧고 간결하게 말하기** : 긴 설명보다는 짧고 간결한 문장으로 핵심을 전달하는 연습을 한다. 너무 많은 정보를 한꺼번에 전달하려고 하면, 상대방이 핵심을 놓칠 수 있으므로, 중요한 포인트에 집중하여 말하는 것이 좋다.

- **피드백을 받기** : 주변 사람들에게 내가 말하는 방식에 대해 피드백을 요청해 보는 것도 도움이 된다. "내 말이 이해되었나요?" "더 명확하게 설명할 부분이 있었나요?"와 같은 질문을 통해 상대방의 반응을 확인하고, 개선점을 찾을 수 있다.

- **반복 연습하기** : 논리적이고 체계적인 말하기는 반복 연습을 통해 더욱 향상된다. 일상 대화나 발표, 회의에서 PREP 구조나 피라미드 원칙을 사용해 보는 연습을 지속적으로 해보자.

논리적이고 체계적인 말하기 전략은 상대방이 메시지를 명확히 이해하고, 설득력을 느끼도록 돕는 중요한 기술이다. 이를 위해 PREP 구조, 피라미드 원칙, 논리적 연결어 등을 사용하는 것이 효과적이다. 초보자는 대화 전 내용 정리, 간결한 표현, 피드백 수집, 반복 연습 등을 통해 이 기술을 연습할 수 있다. 이러한 방법을 통해 더 나은 소통 능력을 기르고, 효과적으로 자신의 생각과 의견을 전달할 수 있게 된다.

03

상대방을 설득하는 이야기 전개법

소통에서 상대방을 설득하는 것은 종종 어려운 과제일 수 있다. 하지만 올바른 이야기 전개법을 사용하면 상대방의 관심을 끌고, 그들이 당신의 의견이나 제안을 받아들이도록 도울 수 있다. 설득력 있는 소통은 단순히 논리적인 정보 전달이 아니라, 감정에 호소하고, 청중이 공감할 수 있도록 이야기를 구성하는 것이다.

1. 이야기 전개법이란 무엇인가?

이야기 전개법은 대화를 효과적으로 이끌어가면서 상대방을 설득하기 위해 사용하는 전략이다. 이야기를 통해 상대방이 당신의 메시지에 더욱 몰입하게 만들고, 논리적인 정보와 감정적 요소를 결합하여 설득력을 높이는 것이 목표다. 설득하는 이야기 전개법은 복잡한 데이터를 간단히 설명하거나, 감정적으로 연결할 수 있는 이야기 구조를 만들어 상대방이 더 쉽게 이해하고 공감할 수 있도록 돕는다.

2. 설득력 있는 이야기 전개를 위한 4가지 핵심 전략

1) 기-승-전-결 구조 사용하기

가장 기본적이면서도 강력한 이야기 전개법은 기-승-전-결 구조를 활용하는 것이다. 이 구조는 모든 이야기에 기본적으로 사용되며, 논리적으로 생각을 전개하고 상대방의 감정에 호소할 수 있는 좋은 방법이다.

- **기(起)** : 이야기를 시작하는 부분이다. 여기서는 문제나 상황을 제시하고, 상대방의 관심을 끄는 것이 중요하다. "최근 회사의 매출이 계속 하락하고 있습니다."라는 식으로 청중이 공감할 수 있는 상황을 소개한다.
- **승(承)** : 이야기의 전개 부분이다. 제시한 문제나 상황에 대한 분석과 원인을 설명한다. "시장 조사 결과, 우리의 주요 고객층이 경쟁사의 새로운 제품에 관심을 갖기 시작했기 때문입니다."
- **전(轉)** : 해결책을 제시하는 부분이다. 문제를 해결하기 위해 취해야 할 행동이나 전략을 제안한다. "따라서, 우리는 고객 충성도를 높이기 위해 새로운 마케팅 캠페인을 시작해야 합니다."
- **결(結)** : 결론을 맺는 부분으로, 제안한 해결책의 장점을 강조하고 상대방에게 행동을 촉구한다. "이 캠페인을 통해 고객들의 관심을 다시 끌어올릴 수 있을 것이며, 이는 매출 회복으로 이어

질 것입니다."

기-승-전-결 구조는 자연스럽고 논리적인 흐름을 가지고 있어, 상대방이 이야기를 쉽게 따라오고 이해할 수 있게 한다.

2) 스토리텔링 기법 활용하기

사람들은 이야기에 본능적으로 끌린다. 스토리텔링 기법을 사용하면 상대방의 감정을 자극하고, 더 깊이 있는 공감을 이끌어낼 수 있다. 설득력 있는 소통을 위해서는 감정적으로 연결될 수 있는 이야기를 만들어야 한다.

- **개인적인 경험이나 사례사용** : 자신의 경험이나 사례를 이야기하면, 상대방이 더 쉽게 공감할 수 있다. 예를 들어, "제가 처음 직장에서 큰 프로젝트를 맡았을 때…"라는 식으로 개인적인 이야기를 시작하면, 청중이 더 관심을 갖고 들을 가능성이 높다.
- **감정적인 요소 추가** : 이야기에 감정적인 요소를 추가하여 상대방의 마음을 움직인다. "그 순간 정말 절망적이었지만, 팀원들이 함께 노력해 결국 성공을 이루었습니다."와 같이 감정적인 순간을 강조한다.
- **상대방의 관점을 고려한 이야기 구성** : 상대방이 중요하게 생각하는 가치나 관심사를 고려하여 이야기를 구성한다. 예를 들어, 청중이 환경 문제에 관심이 많다면, "우리의 새로운 제품은 환

경을 보호하는 데 큰 기여를 할 것입니다."라고 강조할 수 있다.

3) 비유와 유사성 활용하기

비유와 유사성은 복잡한 개념을 쉽게 설명하고, 상대방이 당신의 메시지를 더 잘 이해하도록 돕는 강력한 도구다. 사람들이 익숙하게 느끼는 상황이나 개념에 비유를 사용하면, 메시지를 더욱 효과적으로 전달할 수 있다.

- **비유 사용하기** : 어려운 개념이나 아이디어를 쉽게 이해할 수 있는 일상적인 사례나 비유로 설명한다. 예를 들어, "우리 회사의 성장은 마치 나무가 뿌리를 내리고 자라는 것과 같습니다. 지금은 작은 나무처럼 보일 수 있지만, 시간이 지나면 큰 숲이 될 것입니다."

- **유사성 강조하기** : 상대방이 이미 알고 있는 것과 새로운 정보를 연결해 설명한다. 예를 들어, "새로운 마케팅 전략은 우리가 과거에 성공적으로 사용했던 방식과 유사합니다."라고 말하면, 청중은 익숙한 개념을 통해 새로운 아이디어를 더 잘 이해할 수 있다.

4) 반대 의견을 다루는 방법

상대방을 설득하기 위해서는, 그들이 반대 의견을 가지고 있을 때 이를 미리 예상하고 다루는 것이 중요하다. 반대 의견을 다루는 기술은 상대방의 의문이나 불안감을 해소하고, 당신의 주장을 더욱 강력하게 만든다.

- **반대 의견 인정하기** : 상대방의 반대 의견을 무시하거나 무조건 반박하기보다는, 그들의 우려나 생각을 먼저 인정하는 것이 좋다. "당신의 걱정을 이해합니다. 그리고 그 점에 대해 저는 이렇게 생각합니다…"와 같이 반대 의견을 먼저 인정하고 나서 자신의 의견을 제시한다.

- **논리적인 반박 제시하기** : 상대방의 반대 의견에 대한 논리적인 이유와 근거를 제시한다. 예를 들어, "물론, 비용이 걱정일 수 있습니다. 하지만 장기적으로는 새로운 전략이 더 많은 이익을 가져다줄 것입니다."라고 반박한다.

- **대안 제안하기** : 상대방이 반대 의견을 가지고 있을 때, 그들의 의견을 수용하면서도 자신의 주장을 유지할 수 있는 대안을 제안한다. "만약 예산이 걱정이라면, 초기 단계에서는 작은 규모로 시작해 볼 수 있습니다."와 같이 대안을 제시하면 상대방이 더 쉽게 설득될 수 있다.

3. 설득을 위한 이야기 전개법 실천 방법

설득하는 이야기 전개법은 연습을 통해 익힐 수 있는 기술이다. 다음은 누구나 실천할 수 있는 몇 가지 방법이다.

- **대화 전에 이야기 구조를 정리하기** : 대화를 시작하기 전에 자

신이 전달하고자 하는 메시지를 기-승-전-결 구조로 미리 정리해보자. 이렇게 하면 더 논리적으로 이야기를 전개할 수 있다.

- **감정적으로 연결할 수 있는 요소 찾기** : 이야기를 준비할 때 상대방의 감정을 자극할 수 있는 요소를 생각해 보자. 상대방이 무엇에 관심을 가지고 있고, 어떤 감정에 쉽게 반응하는지 파악하고 그에 맞는 이야기를 준비한다.

- **반대 의견에 대비하기** : 상대방이 가질 수 있는 반대 의견이나 우려를 미리 생각해 보고, 그에 대한 논리적 반박과 대안을 준비한다. 이를 통해 상대방이 반대 의견을 제기했을 때 더 효과적으로 대응할 수 있다.

상대방을 설득하는 이야기 전개법은 논리적인 정보 전달과 감정적 요소를 결합하여 상대방의 마음을 움직이는 기술이다. 이를 위해 기-승-전-결 구조, 스토리텔링 기법, 비유와 유사성 활용, 반대 의견 다루기 등의 전략을 사용하면 효과적이다. 이야기 구조를 미리 정리하고, 감정적 요소를 찾으며, 반대 의견에 대비하는 연습을 통해 설득력 있는 소통 능력을 기를 수 있다. 이러한 방법을 통해 상대방을 더 효과적으로 설득하고, 소통의 목표를 달성할 수 있게 된다.

04
복잡한 아이디어를 단순하게 전달하는 방법

복잡한 아이디어를 단순하게 전달하는 일은 소통에서 매우 중요한 기술이다. 아무리 뛰어난 아이디어라도 상대방이 이해하지 못한다면, 그 가치는 빛을 발하지 못할 수 있다. 상대방이 당신의 메시지를 쉽게 받아들일 수 있도록 만드는 핵심은 간결하고 명확한 전달 방식이다.

복잡한 아이디어를 단순하게 전달하기 위한 4가지 전략

1. 핵심 메시지에 집중하기

아이디어를 전달할 때 가장 먼저 해야 할 일은 핵심 메시지를 명확히 정의하는 것이다. 복잡한 내용 속에서 무엇이 가장 중요한지 파악하고, 이를 한 문장으로 요약할 수 있어야 한다. 예를 들어, "우리의 새로운 제품은 사용자 경험을 혁신적으로 개선합니다"와 같이 핵심을 간결하게 표현하면, 상대방이 쉽게 이해할 수 있다.

2. 단계적으로 설명하기

복잡한 아이디어는 한꺼번에 설명하려고 하면 오히려 혼란을 줄 수 있다. 정보를 단계적으로 나누어 하나씩 풀어나가는 것이 효과적이다. 예를 들어, "이 기술은 1) 데이터 수집, 2) 분석, 3) 결과 적용의 3단계로 이루어집니다"와 같이 체계적으로 설명하면 상대방이 내용을 따라오기 쉬워진다.

3. 비유와 예시 활용하기

사람들은 익숙한 개념을 통해 새로운 정보를 더 쉽게 이해할 수 있다. 비유와 예시는 복잡한 아이디어를 단순화하는 데 유용하다. 예를 들어, "이 기술은 네비게이션과 같습니다. 목적지로 가는 최적의 경로를 제안하는 것처럼 데이터를 활용해 가장 효율적인 결과를 도출합니다"라고 설명하면, 상대방이 이미 알고 있는 개념과 연결해 쉽게 이해할 수 있다.

4. 시각 자료 활용하기

복잡한 내용을 단순하게 전달하려면 시각 자료를 활용하는 것도 좋은 방법이다. 다이어그램, 차트, 또는 간단한 그림을 사용하면 긴 설명 없이도 아이디어를 명확히 전달할 수 있다. 예를 들어, "이 과정은 A에서 B로, 그리고 B에서 C로 이어집니다"라는 설명 대신, 이를 화살표로 연결한 다이어그램을 보여주면 더 쉽게 이해된다.

단순하게 전달하기 위한 실천 방법

- **불필요한 정보를 제거하라** : 설명에 꼭 필요한 핵심 내용만 남기고, 부수적인 세부 정보는 과감히 생략하자.
- **상대방의 배경지식을 고려하라** : 청중의 이해 수준에 맞게 언어를 조정하고, 필요하다면 용어를 풀어서 설명하라.
- **간결한 언어를 사용하라** : 긴 문장보다 짧고 명확한 문장을 사용하면 전달력이 더욱 높아진다.

복잡한 아이디어를 단순하게 전달하는 것은 단순히 정보를 줄이는 것이 아니라, 상대방이 그 내용을 명확히 이해하고 공감하도록 돕는 것이다. 이 과정에서 중요한 것은 상대방의 입장에서 아이디어를 정리하고 표현하는 연습이다. 꾸준히 연습하다 보면 복잡한 아이디어도 누구나 이해할 수 있게 전달하는 소통 전문가가 될 수 있다.

유머와 비유를 활용한 효과적인 소통

유머와 비유는 소통에서 강력한 도구다. 적절한 유머는 대화를 부드럽게 만들고, 비유는 복잡한 아이디어를 쉽게 이해하게 해준다. 이를 잘 활용하면 당신의 메시지는 더 재미있고 기억에 남는 방식으로 전달될 수 있다.

유머를 활용한 소통

1. 분위기를 유연하게 만든다

유머는 긴장된 분위기를 완화하고 상대방의 마음을 여는 데 효과적이다. 예를 들어, 중요한 발표나 회의에서 가벼운 농담으로 시작하면 상대방이 편안함을 느끼고 대화에 더 집중할 수 있다. 하지만 지나치게 과장되거나 상황에 맞지 않는 유머는 오히려 역효과를 낼 수 있으니, 상대방의 반응을 살피며 적절히 사용하는 것이 중요하다.

2. 주제를 더 흥미롭게 만든다

단순히 정보를 나열하기보다는 유머를 섞으면 메시지가 더욱 매력적으로 전달된다. 예를 들어, "우리 회사의 회의는 마치 테니스 경기 같아요. 다들 아이디어를 주고받다가 결론은 없거든요"라는 식의 유머는 문제를 재미있게 지적하면서도 공감을 얻을 수 있다.

3. 관계를 강화한다

유머는 상대방과의 정서적 거리를 좁히고 신뢰를 쌓는 데 도움을 준다. 가벼운 농담을 통해 상대방과 공감대를 형성하면, 이후의 대화도 훨씬 수월해진다.

비유를 활용한 소통

1. 어려운 내용을 쉽게 설명한다

비유는 복잡하거나 생소한 개념을 상대방이 이미 익숙한 개념으로 연결해 이해를 돕는다. 예를 들어, "데이터 분석은 마치 금광에서 금을 캐는 것과 같습니다. 원석 속에서 가치 있는 정보를 찾아내는 과정이죠"라는 비유는 상대방이 개념을 직관적으로 이해하도록 돕는다.

2. 메시지를 시각적으로 전달한다

비유는 청중이 이미지를 떠올릴 수 있게 만들어 메시지가 더 명확하고 기억에 남도록 한다. 예를 들어, "우리 팀은 마치 서로 다른 악기를 연주하는 오케스트라 같아요. 모두가 조화를 이루면 멋진 음악이 완성되죠"라는 비유는 팀워크의 중요성을 효과적으로 전달한다.

3. 공감을 이끌어낸다

비유는 상대방의 경험이나 감정과 연결되며, 더 깊은 공감을 이끌어낸다. 예를 들어, "새로운 프로젝트를 시작하는 건 마치 첫 등산을 준비하는 것 같아요. 초반에는 긴장되지만, 준비를 잘하면 멋진 풍경을 만날 수 있죠"라고 말하면 상대방은 당신의 메시지를 더 잘 이해하고 공감할 수 있다.

유머와 비유를 효과적으로 사용하는 방법

- **자연스럽게 녹여라** : 유머와 비유는 대화 속에서 자연스럽게 섞여야 한다. 억지로 넣으려 하면 오히려 부자연스럽게 느껴질 수 있다.
- **상황에 맞춰라** : 상대방과 대화하는 맥락을 고려해 적절한 유머와 비유를 사용해야 한다.
- **연습하고 조정하라** : 처음에는 어색할 수 있지만, 대화 속에서 점차 연습하며 상대방의 반응을 관찰하면 더 나은 활용법을 익

힐 수 있다.

유머와 비유는 소통에서 당신의 이야기를 더 매력적이고 설득력 있게 만드는 도구다. 이를 잘 활용하면 상대방의 마음을 열고, 당신의 메시지를 더욱 효과적으로 전달할 수 있다.

5장

갈등 상황에서의 소통 방법

감정 관리와 갈등 해결의 기본 원칙

소통에서 갈등은 피할 수 없는 일이다. 우리는 매일 다양한 상황에서 사람들과 생각이 다를 수 있고, 그로 인해 갈등이 발생할 수 있다. 그러나 갈등 자체는 나쁜 것이 아니다. 올바르게 다루기만 한다면, 갈등은 서로를 더 깊이 이해하고 관계를 강화하는 기회가 될 수 있다. 이를 위해서는 감정 관리와 갈등 해결의 기본 원칙을 이해하고 실천하는 것이 중요하다.

1. 감정 관리의 중요성

갈등 상황에서 가장 먼저 해야 할 일은 자신의 감정을 관리하는 것이다. 감정은 우리가 갈등을 어떻게 다루는지에 큰 영향을 미친다. 분노, 실망, 좌절 등의 감정은 갈등을 더 악화시킬 수 있으므로, 이러한 감정을 제대로 다루는 것이 중요하다.

- **감정을 인식하기** : 첫 번째 단계는 자신의 감정을 인식하는 것이다. 갈등 상황에서 화가 나거나 실망스러운 감정이 들 수 있다. 이때, "나는 지금 화가 났다" 또는 "나는 실망했다"라고 스스로의 감정을 인정하고 받아들이는 것이 필요하다. 감정을 억누르거나 무시하는 것보다, 이를 인식하고 받아들이는 것이 더 효과적이다.
- **감정을 표현하기** : 자신의 감정을 표현하는 것은 중요하지만, 상대방을 공격하지 않는 방식으로 해야 한다. "너 때문에 화가 난다"와 같은 공격적인 표현보다는, "나는 이런 상황이 답답하게 느껴진다"와 같이 자신의 감정을 설명하는 방식이 좋다. 이는 상대방이 방어적인 태도를 취하지 않고, 상황을 더 객관적으로 바라볼 수 있도록 도와준다.
- **평정심 유지하기** : 갈등 상황에서 냉정을 유지하는 것은 매우 중요하다. 감정적으로 격해지면 갈등이 더 커질 수 있으므로, 깊게 숨을 들이마시고 천천히 내쉬며 감정을 가라앉히는 연습을 한다. 잠시 자리를 피하거나 물을 마시며 생각을 정리하는 것도 좋은 방법이다.

2. 갈등 해결의 기본 원칙

갈등을 해결하기 위해서는 몇 가지 기본 원칙을 이해하고 실천하는 것이 필요하다. 이러한 원칙들은 갈등을 건설적으로 해결하고, 오해를 풀며, 더 나은 관계를 만드는 데 도움을 줄 수 있다.

1) 문제에 집중하기

갈등 상황에서 가장 중요한 것은 문제 자체에 집중하는 것이다. 사람을 공격하거나 비난하는 것이 아니라, 해결해야 할 문제에 초점을 맞추는 것이다.

- 예 : "당신이 항상 늦는 게 문제야!"라고 말하기보다는, "우리가 함께 시간을 맞추는 것이 어려운 것 같아요. 어떻게 하면 더 효율적으로 시간을 맞출 수 있을까요?"라고 문제를 해결하기 위한 방법을 논의하는 것이 좋다.

2) 상대방의 관점 이해하기

갈등을 해결하려면 상대방의 입장에서 생각해 보는 것이 매우 중요하다. 상대방이 왜 그렇게 행동했는지, 어떤 감정을 느꼈는지 이해하려고 노력해야 한다. 이는 공감을 키우고, 상대방이 자신이 이해받고 있다고 느끼게 한다.

- 예 : "당신이 그렇게 생각하는 이유를 알고 싶어요. 어떻게 그 결론에 도달했는지 설명해 주실 수 있나요?"와 같이 질문을 통해 상대방의 입장을 이해하려는 노력을 보인다. 이는 상대방에게 존중받고 있다는 느낌을 주어, 갈등을 해결하는 데 긍정적인 영향을 미친다.

3) 협력적 해결책 찾기

갈등 상황에서는 협력적 해결책을 찾는 것이 중요하다. 양측 모두의 입장을 고려하고, 서로에게 이익이 되는 해결책을 찾는 것이 목표다. 이를 위해 서로의 요구와 필요를 솔직하게 이야기하고, 공통된 목표를 설정하는 것이 필요하다.

- 예 : "우리 둘 다 이 프로젝트를 성공적으로 마치고 싶어 합니다. 그렇다면 서로 도울 수 있는 방법을 찾아보는 것이 어떨까요?"라고 말하면, 공동의 목표를 설정하고 협력적으로 해결책을 찾을 수 있다.

3. 감정 관리와 갈등 해결을 위한 실천 방법

감정 관리와 갈등 해결은 누구나 연습을 통해 습득할 수 있는 기술이다. 다음은 초보자가 실천할 수 있는 몇 가지 방법이다.

- **감정 일기 쓰기** : 갈등이 발생했을 때 자신의 감정을 일기에 기록해 본다. "내가 왜 이런 감정을 느꼈을까?" "이 감정이 어떻게 행동에 영향을 미쳤을까?"와 같은 질문을 스스로에게 던지며 감정을 분석해본다. 이를 통해 감정을 더 잘 이해하고, 다음에 유사한 상황에서 더 효과적으로 대응할 수 있게 된다.

- **경청 연습하기** : 갈등 상황에서 상대방의 말을 경청하는 연습을 한다. 상대방의 말을 끊지 않고 끝까지 듣고, 이해하려고 노력하는 태도를 유지한다. "네 이야기를 들어보니, 네가 이런 감

정을 느낀 것 같아"와 같이 요약하거나 반영하는 기술을 사용해 상대방이 자신이 이해받고 있다고 느끼게 한다.

- **'나 전달법' 사용하기** : 자신의 감정을 표현할 때 '너 때문에'가 아니라 '나 전달법'을 사용한다. 예를 들어, "너 때문에 화가 나" 대신 "나는 이 상황이 답답하게 느껴져"라고 표현하면, 상대방이 방어적이지 않고 더 개방적으로 반응할 가능성이 높아진다.
- **중재자 찾기** : 갈등이 심각하고, 스스로 해결하기 어려울 때는 중립적인 제3자의 도움을 받는 것도 좋은 방법이다. 중재자는 객관적인 입장에서 양측의 의견을 듣고, 갈등을 조정할 수 있는 역할을 할 수 있다.

감정 관리와 갈등 해결의 기본 원칙은 갈등 상황에서 냉정을 유지하고, 문제에 집중하며, 상대방의 관점을 이해하고 협력적인 해결책을 찾는 것이다. 이를 위해 감정 일기 쓰기, 경청 연습, '나 전달법' 사용, 중재자 찾기 등의 실천 방법을 사용할 수 있다. 이러한 원칙과 방법을 통해 갈등을 건설적으로 해결하고, 더 나은 인간관계를 형성할 수 있다. 갈등은 관계를 강화할 수 있는 기회라는 점을 기억하고, 이를 통해 긍정적인 결과를 만들어내도록 노력해야 한다.

서로의 입장을 이해하는 비폭력 대화법

갈등 상황에서 가장 중요한 것은 서로의 입장을 이해하고, 상대방과 열린 마음으로 소통하는 것이다. 하지만 많은 경우, 감정이 격해지거나 서로의 의견이 충돌하면서 대화가 비난과 공격으로 이어지기 쉽다. 비폭력 대화법(Nonviolent Communication, NVC)은 이러한 상황에서 효과적으로 소통하는 방법을 제공한다. 이 방법은 상대방을 비난하거나 공격하지 않으면서 자신의 감정과 필요를 솔직하게 표현하고, 상대방의 감정과 필요를 이해하려는 태도를 유지하는 데 초점을 맞춘다.

1. 비폭력 대화법이란 무엇인가?

비폭력 대화법(NVC)은 심리학자 마셜 로젠버그가 개발한 소통 기술로, 서로의 감정과 욕구를 존중하며 대화하는 방법이다. 비폭력 대화법은 갈등 상황에서 상대방을 공격하거나 비난하지 않고, 서로의 입장을 이해하며 평화롭고 건설적으로 문제를 해결할 수 있도록 도와준다. 이 방법은 크게 네 가지 단계로 이루어진다.

- **관찰**(Observation) : 판단이나 해석 없이 객관적으로 관찰한 사실을 표현한다. "너는 항상 늦어!" 대신, "지난 세 번의 회의에서 15분씩 늦었어"와 같이 사실만을 말하는 것이다.

- **느낌**(Feeling) : 관찰한 사실에 대한 자신의 감정을 표현한다. "나는 불만스러워" 또는 "나는 화가 나"와 같이 자신의 감정을 솔직하게 이야기한다. 이때, "너 때문에 화가 나"가 아니라 "나는 화가 나"와 같은 '나 전달법'을 사용해야 한다.

- **욕구**(Needs) : 자신의 감정 뒤에 숨겨진 욕구를 설명한다. "나는 우리가 회의를 제시간에 시작했으면 좋겠어"와 같이 자신의 필요나 욕구를 구체적으로 표현한다.

- **요청**(Request) : 상대방에게 구체적으로 행동을 요청한다. "앞으로는 회의 시작 5분 전에 도착해 줄 수 있을까?"와 같이 상대방이 명확하게 이해하고 행동할 수 있도록 요청한다.

2. 비폭력 대화법의 중요성

비폭력 대화법은 감정이 격해질 수 있는 갈등 상황에서 특히 유용하다. 이 방법을 사용하면 상대방을 비난하거나 공격하지 않으면서도 자신의 생각과 감정을 명확하게 전달할 수 있어, 서로의 입장을 이해하고 갈등을 건설적으로 해결하는 데 도움이 된다.

1) **상대방의 방어적 태도를 줄인다** : 비폭력 대화법은 상대방을 비난하거나 공격하지 않고 자신의 감정과 필요를 솔직하게 표현하므로, 상대방이 방어적인 태도를 취할 가능성이 줄어든다. 예를 들어, "당신은 왜 그렇게 이기적인가요?"라고 묻는 대신 "나는 우리가 함께 일할 때 서로의 의견을 존중했으면 좋겠어"라고 말하면, 상대방은 더 개방적이고 긍정적인 반응을 보일 수 있다.

2) **서로의 감정을 존중하고 이해한다** : 비폭력 대화법은 서로의 감정과 욕구를 인정하고 존중하는 것을 바탕으로 한다. 상대방의 감정을 인정하고 이해하려는 태도를 보이면, 상대방도 당신의 감정과 필요를 더 잘 이해하고 받아들일 가능성이 커진다.

3) **갈등을 건설적으로 해결한다** : 비폭력 대화법은 문제를 해결하기 위해 서로 협력하도록 장려한다. 공격이나 비난이 없는 대화는 갈등을 더 쉽게 조정하고, 서로에게 만족스러운 해결책을 찾는 데 도움을 준다.

3. 비폭력 대화법을 실천하는 방법

비폭력 대화법은 연습을 통해 누구나 습득할 수 있는 기술이다. 다음은 누구나 실천할 수 있는 몇 가지 방법이다.

- **객관적으로 관찰하기** : 갈등 상황에서 판단이나 해석 없이 객관

적으로 관찰한 사실만을 말하는 연습을 한다. 예를 들어, "당신은 항상 내 말을 무시해!" 대신 "지난번에 내가 아이디어를 제안했을 때, 당신이 아무 대답을 하지 않았어"라고 말한다.

- **감정을 솔직하게 표현하기** : 자신의 감정을 솔직하게 표현하되, 상대방을 비난하지 않도록 주의한다. 예를 들어, "너 때문에 화가 나"가 아니라 "나는 이 상황이 답답하게 느껴져"와 같은 방식으로 감정을 표현한다.

- **욕구를 명확하게 설명하기** : 자신의 욕구를 구체적으로 표현하는 연습을 한다. 예를 들어, "나는 우리가 더 자주 대화했으면 좋겠어"라고 말해 상대방이 자신의 욕구를 명확하게 이해할 수 있도록 한다.

- **구체적으로 요청하기** : 상대방에게 명확하고 구체적인 행동을 요청하는 것이 중요하다. "앞으로는 더 신경 써줘" 대신, "다음 회의 때는 시작하기 5분 전에 와줄 수 있을까?"라고 말한다.

4. 비폭력 대화법의 실천 예시

다음은 비폭력 대화법을 활용한 실제 예시다.

- **상황** : 동료가 계속해서 회의에 늦게 도착하는 경우.
- **관찰** : "지난 세 번의 회의에서 당신이 15분씩 늦었어."
- **느낌** : "나는 이런 상황이 답답하고 불편하게 느껴져."
- **욕구** : "나는 우리가 회의를 제시간에 시작했으면 좋겠어."

- **요청** : "앞으로는 회의 시작 5분 전에 도착해 줄 수 있을까?"

이와 같은 방식으로 대화하면 상대방이 비난받거나 방어적인 태도를 취하지 않고, 문제를 이해하고 해결하려는 자세를 가질 수 있게 된다.

비폭력 대화법은 갈등 상황에서 서로의 감정과 욕구를 존중하며 소통하는 방법이다. 관찰, 느낌, 욕구, 요청의 네 가지 단계를 통해 상대방을 비난하지 않고 자신의 감정을 표현하고, 상대방의 감정을 이해하려는 태도를 유지한다. 초보자는 객관적으로 관찰하고, 감정을 솔직하게 표현하며, 욕구를 명확히 설명하고, 구체적으로 요청하는 연습을 통해 비폭력 대화법을 실천할 수 있다. 이를 통해 갈등을 더욱 건설적으로 해결하고, 서로의 입장을 이해하며 신뢰를 쌓아가는 데 큰 도움이 된다.

갈등을 기회로 바꾸는 협상 기술

갈등은 흔히 부정적으로만 생각되지만, 잘 활용하면 오히려 더 좋은 관계를 만들고 서로에게 이익이 되는 결과를 이끌어낼 수 있는 기회가 될 수 있다. 갈등 상황에서 중요한 것은 상대방과 협력하여 서로에게 유리한 해결책을 찾는 것이다. 이를 위해 필요한 것이 바로 협상 기술이다. 협상 기술을 통해 갈등을 긍정적인 방향으로 전환하고, 갈등을 해결하면서 동시에 서로의 신뢰를 쌓을 수 있다.

1. 갈등을 기회로 바꾸는 협상이란 무엇인가?

협상이란, 두 사람 이상이 상호 이해를 바탕으로 서로의 이익을 최대화할 수 있는 해결책을 찾기 위해 대화하고 조정하는 과정을 의미한다. 갈등 상황에서의 협상은 단순히 문제를 해결하는 것 이상의 의미가 있다. 서로 다른 입장을 가진 사람들이 서로의 욕구와 필요를 이해하고, 함께 문제를 해결하는 과정에서 더 나은 관계를 형성할 수 있는 기회를 제공한다.

- **양측의 이익을 고려하는 협상** : 갈등을 기회로 바꾸는 협상에서는 양측의 이익을 동시에 고려하는 것이 중요하다. 서로의 요구와 필요를 존중하면서, 모두에게 유리한 결과를 도출하는 방법을 찾는 것이 목표다. 예를 들어, "너만 이익을 가져가는 것이 아니라, 우리 둘 다 만족할 수 있는 해결책을 찾아보자."는 접근이 필요하다.

2. 갈등을 기회로 바꾸는 협상 기술의 핵심 요소

1) 윈-윈(win-win) 접근법 사용하기

윈-윈 접근법은 협상에서 가장 중요한 원칙 중 하나다. 이는 갈등 상황에서 서로가 모두 이익을 얻을 수 있는 해결책을 찾는 것을 목표로 한다. 단순히 한쪽의 요구를 들어주는 것이 아니라, 양측 모두에게 긍정적인 결과를 도출할 수 있도록 노력하는 것이다.

- **서로의 욕구와 필요 파악하기** : 협상에서 첫 번째 단계는 서로의 욕구와 필요를 이해하는 것이다. 상대방의 입장을 경청하고, 그들이 원하는 바를 명확히 파악한다. 예를 들어, "당신은 이 프로젝트의 기한이 연장되기를 원하지만, 저는 예산 내에서 작업을 완료하고 싶어 합니다. 어떻게 하면 두 가지 목표를 모두 충족시킬 수 있을까요?"라고 질문하여 상대방의 욕구를 확인한다.

- **창의적 해결책 모색하기** : 서로의 욕구를 고려한 후, 창의적으로 해결책을 찾아본다. 예를 들어, "기한을 일부 연장하되, 추가 예산을 최소화하기 위해 몇 가지 작업을 간소화하는 것이 어떨까요?"라고 제안할 수 있다. 이를 통해 서로가 원하는 바를 모두 충족시킬 수 있는 방법을 모색한다.

2) 적극적 경청과 공감 표현하기

갈등 상황에서 적극적으로 경청하고 공감하는 태도를 보이는 것은 협상에서 매우 중요하다. 상대방이 자신의 말을 듣고 이해받고 있다고 느끼면, 협상에 더욱 개방적으로 임하게 된다.

- **상대방의 말을 끊지 않고 끝까지 듣기** : 협상 중에는 상대방의 말을 끊지 않고 끝까지 듣는 것이 중요하다. 상대방이 자신이 충분히 표현했다고 느낄 때까지 경청하는 것이 필요하다. 예를 들어, "당신의 의견을 듣고 싶습니다. 자세히 이야기해 주실 수 있을까요?"와 같이 상대방에게 말할 기회를 제공한다.

- **상대방의 감정에 공감하기** : 상대방이 가진 감정에 공감하며, 그들이 느끼는 어려움을 이해하려고 노력한다. "당신이 지금 이 상황에 대해 많이 고민하고 있다는 점을 이해합니다. 저도 마찬가지로 이 문제를 해결하고 싶습니다."라고 말하며, 상대방의 감정에 공감하는 표현을 사용한다.

3) 명확하고 구체적인 요청과 제안하기

협상에서는 서로가 원하는 바를 명확하게 제시하고, 구체적인 요청과 제안을 하는 것이 중요하다. 모호한 표현은 오해를 불러일으키기 쉬우므로, 구체적으로 이야기해야 한다.

- **구체적인 요청하기** : 상대방에게 원하는 것을 구체적으로 요청한다. 예를 들어, "이 프로젝트를 성공적으로 완료하기 위해 당신이 매주 회의에 참여해 주셨으면 합니다."와 같이 명확하고 구체적인 요청을 한다.

- **대안을 제시하기** : 상대방이 제안에 동의하지 않을 경우, 가능한 대안을 제시하여 협상의 여지를 남긴다. "만약 이 제안이 어렵다면, 다른 방법으로 이 문제를 해결할 수 있을까요?"와 같이 대안을 제시하며 협상을 이어간다.

4) 감정적 거리를 유지하며 해결책에 집중하기

협상 과정에서는 감정적으로 격해질 수 있지만, 감정적 거리를 유지하고 해결책에 집중하는 것이 중요하다. 감정적으로 대응하면 갈등이 더 악화될 수 있기 때문이다.

- **문제에 집중하기** : 개인적인 공격이나 비난을 피하고, 문제 자체에 집중한다. "당신이 잘못했어요!" 대신, "이 문제가 해결되려면 어떤 접근이 필요할까요?"와 같이 문제 해결에 초점을 맞춘다.

- **평정심 유지하기** : 협상 중에 감정적으로 격해지지 않도록 평정

심을 유지한다. 깊게 숨을 쉬거나 잠시 생각할 시간을 가지며 감정을 가라앉힌다. 예를 들어, "잠시 생각할 시간을 가질 수 있을까요?"라고 요청할 수 있다.

3. 갈등을 기회로 바꾸는 협상 기술 실천 방법

협상 기술은 연습을 통해 누구나 습득할 수 있는 기술이다. 다음은 누구나 실천할 수 있는 몇 가지 방법이다.

- **상대방의 입장에서 생각하기 연습** : 협상 전에 상대방의 입장에서 상황을 생각해 보고, 그들이 무엇을 원하고 왜 그렇게 느낄지 이해하려고 노력한다. 이를 통해 상대방의 욕구와 필요를 더 잘 파악할 수 있다.
- **"나 전달법" 사용하기** : 자신의 의견을 표현할 때, "너 때문에"가 아닌 "나는"으로 시작하는 나 전달법을 사용한다. 예를 들어, "나는 이 문제에 대해 좀 더 협력적인 접근을 원해요"와 같이 말하면 상대방이 덜 방어적일 수 있다.
- **협상의 결과를 기록하기** : 협상이 끝난 후, 서로 합의한 내용이나 해결책을 기록해 두는 것이 좋다. 이를 통해 오해를 줄이고, 합의된 내용을 정확하게 기억할 수 있다.
- **작은 협상 연습하기** : 일상생활에서 작은 협상 상황을 연습해 본다. 예를 들어, 친구와 함께 점심 메뉴를 정하거나, 동료와 업무 배분에 대해 이야기할 때, 협상 기술을 적용해 볼 수 있다.

갈등을 기회로 바꾸는 협상 기술은 서로의 이익을 고려하며, 갈등을 건설적으로 해결하고 더 나은 결과를 도출할 수 있는 방법이다. 윈-윈 접근법, 적극적 경청과 공감 표현, 명확한 요청과 제안, 감정적 거리 유지 등의 전략을 사용하면 갈등을 기회로 전환할 수 있다. 상대방의 입장에서 생각하고, 나 전달법을 사용하며, 협상의 결과를 기록하고, 일상생활에서 작은 협상 연습을 통해 이 기술을 익힐 수 있다. 이를 통해 더 나은 소통과 관계를 형성할 수 있다.

갈등 회피의 위험성과 해결의 중요성

갈등은 누구나 피하고 싶은 상황이다. 하지만 갈등을 회피한다고 해서 문제가 사라지는 것은 아니다. 오히려 갈등을 제대로 다루지 않으면 더 큰 오해와 불신으로 이어질 수 있다. 갈등을 건설적으로 해결하는 방법을 배우는 것은 건강한 관계와 소통을 위해 필수적이다.

갈등 회피의 위험성

1. 문제의 근본 원인이 해결되지 않는다

갈등을 회피하면 표면적으로는 문제가 없어 보일 수 있지만, 사실 문제의 원인은 그대로 남아 있다. 시간이 지나면서 이 문제가 더욱 심화되어 결국 더 큰 갈등으로 폭발할 가능성이 크다. 예를 들어, 직장에서 업무 분담에 대한 불만을 말하지 않고 넘기면, 시간이 지날

수록 불만이 쌓여 협업에 어려움을 줄 수 있다.

2. 관계에 부정적인 영향을 준다

갈등을 피하는 행동은 상대방에게 무관심하거나 소통을 꺼리는 태도로 보일 수 있다. 이는 신뢰를 약화시키고 관계를 더 멀어지게 만들 수 있다. 가족, 친구, 동료 등 가까운 관계일수록 갈등 회피는 더 큰 상처를 남길 수 있다.

3. 감정적 부담이 커진다

갈등을 회피하면 당장은 편하게 느껴질 수 있지만, 해결되지 않은 문제는 내면에 스트레스를 쌓이게 한다. 이는 불안감, 좌절감, 또는 분노로 이어질 수 있으며, 결국 개인의 정신 건강에도 영향을 미친다.

갈등 해결의 중요성

1. 신뢰와 관계를 강화한다

갈등을 건설적으로 해결하는 과정은 서로의 입장을 이해하고 조율하는 기회를 제공한다. 이를 통해 관계가 더 단단해지고 신뢰가 쌓일 수 있다. 서로의 차이를 존중하며 대화하는 태도는 건강한 관계의 필수 요소다.

2. 문제 해결 능력을 키운다

갈등 해결은 단순히 문제를 없애는 것이 아니라, 문제를 해결하는 방법을 배우는 과정이다. 이는 개인의 성장뿐 아니라 팀이나 조직에서도 중요한 기술로 작용한다. 문제를 해결하는 능력은 다양한 상황에서 유용하게 활용될 수 있다.

3. 긍정적인 변화를 이끌어낸다

갈등은 불편하지만, 이를 해결하는 과정에서 새로운 아이디어나 개선된 관계가 만들어질 수 있다. 예를 들어, 의견 차이를 해결하는 과정에서 더 나은 협업 방식을 찾거나, 서로의 기대를 명확히 하는 계기가 될 수 있다.

갈등 해결을 위한 실천 방법

- **문제를 직면하라** : 갈등을 피하지 않고, 문제를 명확히 인식하고 직면하는 태도가 중요하다.
- **대화를 시작하라** : 감정을 차분히 표현하며, 상대방과 열린 마음으로 대화하라. 예를 들어, "제가 이런 점에서 어려움을 느꼈습니다"라고 솔직히 말하는 것이 좋다.
- **서로의 입장을 이해하라** : 상대방의 관점을 듣고 공감하려고 노력하라. 상대방도 당신과 같은 감정을 느낄 수 있음을 기억하라.
- **합리적인 해결책을 찾으라** : 서로에게 수용 가능한 해결책을 찾

는 것이 중요하다. 때로는 작은 양보와 타협이 큰 차이를 만들 수 있다.

갈등은 자연스러운 인간관계의 일부이며, 이를 피하기보다는 해결하는 것이 훨씬 건강하고 바람직한 방법이다. 갈등을 해결하는 과정에서 우리는 서로를 더 깊이 이해하고, 더 나은 소통의 기술을 배울 수 있다. 갈등을 회피하지 말고, 이를 성장의 기회로 삼아보자.

(05)

중재자의 역할로 갈등 완화하기

갈등이 깊어질 때, 당사자들민으로 문제를 해결하기 어려운 경우가 있다. 이럴 때 중재자는 갈등의 중심에서 양측의 입장을 조율하고 해결책을 찾는 데 중요한 역할을 한다. 중재자는 단순히 문제를 해결하는 사람이 아니라, 대화와 이해의 다리를 놓는 사람이다.

중재자의 역할이란 무엇인가?

중재자는 갈등 상황에서 중립적인 위치에서 행동하며, 당사자들이 서로의 입장을 이해하고 문제를 해결할 수 있도록 돕는다. 중재자의 주요 목표는 감정을 진정시키고, 대화를 통해 갈등의 본질을 파악한 후, 양측이 합리적인 해결책을 찾도록 지원하는 것이다. 중재자는 때로는 대화의 가이드가 되고, 때로는 갈등을 객관적으로 분석하는 관찰자가 되기도 한다.

중재자의 역할을 효과적으로 수행하는 4가지 방법

1. 중립성을 유지하라

중재자는 갈등 상황에서 누구의 편도 들어서는 안 된다. 한쪽의 입장을 옹호하거나 감정적으로 치우치는 순간, 중재자로서의 신뢰를 잃을 수 있다. 중립성을 유지하며 양측의 말을 공정하게 듣는 태도가 가장 중요하다. 예를 들어, "두 분 모두 중요한 점을 말씀하셨습니다. 하나씩 차례로 살펴보겠습니다"와 같이 균형 잡힌 접근이 필요하다.

2. 공감과 경청의 태도를 가지라

갈등 당사자들은 자신의 감정과 입장이 충분히 이해받고 존중받는다고 느낄 때 더 쉽게 마음을 열 수 있다. 중재자는 당사자들의 말을 경청하며 그들의 감정을 공감적으로 받아들여야 한다. 예를 들어, "당신이 이 상황에서 얼마나 답답했는지 이해할 수 있습니다"와 같은 표현은 상대방의 마음을 진정시키는 데 도움이 된다.

3. 갈등의 본질을 파악하라

겉으로 드러난 갈등의 원인 뒤에는 더 깊은 문제나 감정이 숨겨져 있을 수 있다. 중재자는 양측의 대화를 통해 갈등의 진짜 원인을 파악해야 한다. 예를 들어, 표면적으로는 업무 분담 문제 같지만, 사실은 팀 내 신뢰 부족이 원인일 수 있다. 문제의 본질을 파악하는 것이 갈등 해결의 시작이다.

4. 합의점을 찾아라

중재자는 갈등 당사자들이 서로 수용할 수 있는 합의점을 찾도록 도와야 한다. 이를 위해 양측의 요구 사항과 우선순위를 파악하고, 상호 이익을 극대화할 수 있는 해결책을 제안해야 한다. 예를 들어, "이 방법이라면 두 분 모두 만족할 수 있을 것 같습니다. 함께 검토해 보시겠어요?"라고 제안하며 대화를 유도할 수 있다.

중재자로서의 태도와 실천 방법

- **객관적인 자세 유지하기** : 갈등에 개인적인 감정을 섞지 않고, 문제를 객관적으로 바라보는 태도를 가져야 한다.
- **긍정적인 대화 환경 조성하기** : 서로 비난하거나 방어적으로 말하지 않도록, 긍정적이고 차분한 대화 분위기를 만들어야 한다.
- **합리적인 해결책을 제안하기** : 현실적이고 실행 가능한 해결책을 제안하며, 당사자들이 이에 동의할 수 있도록 돕는다.

중재자는 갈등 해결 과정에서 중요한 조정자이자 촉진자다. 그들의 역할은 단순히 문제를 끝내는 것이 아니라, 당사자들이 서로를 이해하고 관계를 개선할 수 있도록 돕는 데 있다. 갈등을 완화하는 중재자의 역할을 효과적으로 수행하면, 소통의 장벽을 허물고 더 건강한 관계를 만들어갈 수 있다.

6장

다양한 상황에서의 소통 전략

직장에서의 소통

직장에서 소통은 팀의 성공과 직결된다. 팀워크를 강화하고 리더십을 효과적으로 발휘하려면 명확하고 신뢰할 수 있는 소통이 필수적이다. 팀원들 간의 원활한 소통은 서로의 이해와 협력을 촉진하며, 리더는 이를 통해 팀을 더 효율적으로 이끌어갈 수 있다. 직장에서의 소통은 단순히 정보를 전달하는 것이 아니라, 서로 신뢰하고 협력할 수 있는 분위기를 만드는 중요한 역할을 한다.

1. 팀워크를 위한 소통 전략

팀워크는 팀 구성원들이 공동의 목표를 향해 협력하는 능력이다. 이를 위해선 각 구성원이 서로의 역할과 책임을 명확히 알고, 서로 신뢰하며, 열린 마음으로 소통할 수 있는 환경이 필요하다. 효과적인 팀워크를 위해 다음과 같은 소통 전략이 유용하다.

1) 명확한 의사소통하기

명확한 의사소통은 팀워크의 기본이다. 팀원 간에 명확하지 않은 의사소통은 혼란과 오해를 일으킬 수 있다. 모든 구성원이 동일한 목표와 방향을 이해하도록 소통의 내용을 분명하게 전달해야 한다.

- **구체적인 목표 설정** : 팀의 목표를 구체적으로 정하고 모든 팀원에게 명확히 전달한다. 예를 들어, "이번 프로젝트의 목표는 다음 달까지 고객 만족도를 10% 이상 향상시키는 것입니다."라고 분명하게 말한다.

- **책임과 역할 분담** : 각 팀원이 맡은 역할과 책임을 명확히 설명한다. "이 대리는 자료 수집을 담당하고, 박 대리는 분석을 맡아 주세요."라고 구체적으로 지시하면 혼란을 줄일 수 있다.

- **명확한 피드백 주기** : 팀원 간 피드백은 팀워크를 강화하는 중요한 요소다. 긍정적인 피드백과 개선이 필요한 부분을 명확하게 전달한다. 예를 들어, "이번 보고서는 훌륭하지만, 다음번에는 데이터 시각화를 조금 더 보강하면 좋겠습니다."라고 구체적으로 피드백을 준다.

2) 적극적 경청과 공감 표현하기

팀워크를 강화하기 위해서는 적극적으로 경청하고 공감을 표현하는 태도가 필요하다. 팀원 모두가 존중받고 있다는 느낌을 받으면 더 자발적으로 협력하고 소통하게 된다.

- **경청의 중요성** : 상대방의 의견을 경청하고 그들의 생각을 진지하게 받아들인다. "당신의 아이디어가 흥미로운데, 좀 더 자세히 설명해 줄 수 있나요?"라고 묻는 등 상대방의 말을 경청하는 자세를 보인다.
- **공감의 표현** : 상대방의 감정과 상황에 공감하는 표현을 사용한다. "당신이 그 프로젝트에서 어려움을 겪고 있었던 것을 이해합니다. 우리 함께 해결 방법을 찾아봅시다."라고 말해 팀원의 감정을 존중하고 함께 해결책을 찾으려는 태도를 보인다.

3) 개방적이고 투명한 소통 문화 조성하기

팀 내에서 개방적이고 투명한 소통 문화를 조성하는 것이 중요하다. 이는 모든 팀원이 자유롭게 의견을 나누고, 서로의 생각을 존중하는 환경을 의미한다.

- **의견을 자유롭게 나누기** : 팀원들이 자유롭게 의견을 말할 수 있도록 분위기를 조성한다. "어떤 의견이라도 괜찮으니 자유롭게 이야기해 주세요."라고 말하여 팀원들이 부담 없이 의견을 표현할 수 있게 한다.
- **정기적인 회의와 업데이트** : 정기적인 회의와 업데이트를 통해 팀의 목표와 진행 상황을 공유한다. "매주 월요일 아침에 진행 상황을 공유하는 미팅을 가지겠습니다."와 같이 정기적인 소통 채널을 마련한다.

- **오픈 도어 정책 유지** : 리더나 관리자가 언제든지 접근 가능하도록 하는 '오픈 도어 정책'을 유지한다. "어려운 점이 있으면 언제든지 제게 이야기해 주세요."라고 말하며 열린 태도를 보인다.

2. 리더십을 위한 소통 전략

리더십은 팀을 효과적으로 이끌어가며 목표를 달성하는 능력이다. 리더십을 발휘하기 위해서는 팀원들과의 신뢰를 바탕으로 한 명확하고 일관된 소통이 필요하다. 리더는 팀원들의 신뢰를 얻고, 그들이 자신의 역할과 목표를 명확히 이해하도록 도와야 한다.

1) 명확하고 일관된 메시지 전달하기

리더는 팀원들에게 명확하고 일관된 메시지를 전달해야 한다. 리더의 말이 일관되지 않으면 팀원들이 혼란스러워할 수 있다. 명확한 소통은 팀의 방향성을 유지하는 데 중요하다.

- **목표와 기대치 명확히 하기** : 팀의 목표와 리더의 기대치를 분명히 전달한다. "이번 프로젝트의 목표는 고객 만족도를 10% 향상시키는 것입니다. 모두가 각자의 역할에서 최선을 다해주길 바랍니다."와 같이 명확하게 이야기한다.
- **일관된 커뮤니케이션 유지** : 팀원들에게 일관된 메시지를 반복해서 전달한다. "우리의 핵심 가치는 고객 중심입니다. 모든 결정은 이 가치를 중심으로 해야 합니다."와 같이 반복적으로 핵

심 메시지를 강조한다.

2) 팀원과의 신뢰 구축하기

리더는 팀원들과의 신뢰를 구축하는 데 소통을 활용해야 한다. 신뢰가 없으면 팀원들은 리더의 지시나 피드백을 진지하게 받아들이지 않을 수 있다.

- **투명한 의사결정** : 중요한 의사결정을 내릴 때 그 과정과 이유를 팀원들에게 공유한다. "이런 결정을 내린 이유는 시장 상황이 급격히 변화했기 때문입니다."라고 설명하여 팀원들이 이해하고 신뢰할 수 있게 한다.
- **약속 지키기** : 리더는 팀원과 한 약속을 지켜야 한다. "금요일까지 피드백을 드리겠습니다."라고 약속했으면 그 약속을 지킨다. 약속을 지키면 신뢰가 쌓이고, 팀원들이 리더의 말을 더 잘 따르게 된다.
- **솔직한 소통** : 문제나 어려움이 있을 때 솔직하게 이야기한다. "현재 예산이 부족한 상황입니다. 모두가 비용 절감에 노력해야 합니다."라고 솔직하게 말하면, 팀원들은 리더의 정직한 태도를 신뢰하게 된다.

3) 팀원들의 참여와 동기 부여

리더는 팀원들이 적극적으로 참여하고 동기 부여되도록 소통해야 한다. 팀원들이 스스로 동기 부여되고 자발적으로 참여할 때, 팀의 성과가 극대화된다.

- **의견을 존중하고 반영하기** : 팀원들의 의견을 존중하고, 가능한 경우 이를 의사결정에 반영한다. "김 대리의 아이디어를 반영하여 이번 마케팅 전략을 수정해 보겠습니다."와 같이 팀원들의 의견을 중요하게 다룬다.

- **칭찬과 격려하기** : 팀원들의 성과를 인정하고 칭찬한다. "이번 프로젝트에서 큰 성과를 냈습니다. 정말 잘하셨습니다!"와 같이 칭찬과 격려의 말을 아끼지 않는다.

- **목표와 비전 공유** : 팀원들과 팀의 목표와 비전을 공유하고, 그들이 목표 달성의 중요한 부분임을 강조한다. "우리 모두가 함께 노력한다면, 이 목표를 이룰 수 있습니다."라고 말해 팀원들이 자신이 중요한 역할을 하고 있음을 느끼게 한다.

3. 직장에서의 소통을 위한 실천 방법

직장에서의 소통은 연습과 경험을 통해 발전시킬 수 있는 기술이다. 다음은 초보자가 실천할 수 있는 몇 가지 방법이다.

- **회의 전 메시지 준비하기** : 회의 전에 전달하고자 하는 메시지를 미리 준비하고, 중요한 포인트를 정리해 둔다. 이를 통해 더 명확하고 일관된 메시지를 전달할 수 있다.

- **경청 연습하기** : 다른 팀원의 의견을 경청하는 연습을 한다. 상

대방의 말을 끊지 않고 끝까지 듣고, 이해하려는 노력을 보인다. "말씀하신 내용을 듣고 나니, 이해가 됩니다."와 같은 표현을 사용하여 경청하고 있음을 보여준다.

- **긍정적인 피드백 제공하기** : 팀원들의 작은 성과도 칭찬하고 긍정적인 피드백을 제공한다. "이번에 잘 해주셨습니다. 다음에도 기대할게요."와 같은 피드백을 자주 제공한다.

팀의 협력과 리더의 효과적인 관리를 위해 필수적인 요소다. 명확한 의사소통, 적극적인 경청과 공감, 개방적이고 투명한 소통 문화를 통해 팀워크를 강화할 수 있다. 또한, 리더는 명확하고 일관된 메시지 전달, 신뢰 구축, 팀원들의 참여와 동기 부여를 통해 리더십을 효과적으로 발휘할 수 있다. 이러한 소통 전략은 직장에서의 갈등을 최소화하고, 더 나은 성과와 팀 분위기를 형성하는 데 도움이 된다.

02

가족과의 소통

가족은 우리 삶의 가장 중요한 부분 중 하나다. 가족과의 소통은 단순한 정보 교환을 넘어서, 서로의 감정과 생각을 이해하고 관계를 더욱 깊고 의미 있게 만드는 과정이다. 가족 간의 소통이 원활할 때, 서로의 신뢰와 애정이 쌓이고, 갈등이나 오해도 쉽게 해결할 수 있다. 가족과의 소통을 통해 관계를 강화하고 이해를 증진하려면 몇 가지 핵심적인 소통 전략을 알아두는 것이 중요하다.

1. 가족과의 소통이 중요한 이유

가족과의 소통은 일상의 작은 순간에서부터 중요한 결정에 이르기까지 많은 영향을 미친다. 서로의 생각과 감정을 솔직하게 나누면, 신뢰가 쌓이고, 가족 간의 유대감이 더욱 깊어진다.

- **신뢰와 유대감 형성** : 가족 간의 열린 소통은 서로를 이해하고 신뢰하는 데 필수적이다. 소통이 잘 이루어질 때, 가족 구성원들은 서로의 생각과 감정을 더 잘 이해하고, 어려운 상황에서도 함께 대처할 수 있다.
- **갈등 예방과 해결** : 가족 간에 의견 차이가 생기거나 갈등이 발생할 수 있다. 소통은 이러한 갈등을 해결하고 예방하는 데 중요한 역할을 한다. 서로의 입장을 이해하고 대화를 통해 합의를 찾으면 갈등이 최소화된다.
- **정서적 지지와 안정 제공** : 가족과의 소통은 서로의 감정적 지지와 안정을 제공하는 기회가 된다. 어려운 상황에서 서로를 위로하고 지지하는 소통은 가족 구성원들의 정서적 건강을 증진한다.

2. 가족과의 소통을 위한 핵심 전략

1) 적극적 경청과 공감하기

가족과의 소통에서 가장 중요한 것은 적극적으로 경청하고 공감하는 것이다. 가족 구성원들이 서로의 이야기를 주의 깊게 듣고, 그들의 감정에 공감하는 것은 건강한 관계의 기초다.

- **경청의 기술** : 상대방이 말할 때 끼어들지 않고 끝까지 듣는 연습을 한다. "네가 그렇게 느꼈다면, 그럴 만도 해."와 같이 상대방의 감정을 이해하는 표현을 사용한다. 가족이 자신이 존중받

고 있다고 느낄 때, 더욱 솔직하게 자신의 생각과 감정을 표현할 수 있다.

- **공감적 반응** : 공감적 반응은 상대방의 감정을 인정하고, 그 감정에 대해 이해하고 있음을 보여준다. 예를 들어, "엄마가 오늘 힘들어 보이네요. 무슨 일이 있었어요?"라고 말하면 상대방이 자신의 감정을 표현할 기회를 얻고, 소통이 더욱 원활해진다.

2) 솔직하고 열린 대화하기

가족 간의 소통은 솔직하고 열린 대화를 바탕으로 한다. 솔직하게 자신의 생각과 감정을 표현하고, 상대방도 마찬가지로 자신의 의견을 자유롭게 나눌 수 있도록 하는 것이 중요하다.

- **자신의 감정 표현하기** : 감정을 숨기지 않고 솔직하게 표현하는 것이 중요하다. "나는 오늘 정말 스트레스를 받았어요. 조금 쉬고 싶어요."와 같이 자신의 상태를 솔직하게 이야기하면, 상대방도 당신의 감정을 이해하고 적절히 반응할 수 있다.

- **'나 전달법' 사용하기** : 상대방을 비난하지 않고 자신의 감정을 표현하는 '나 전달법'을 사용한다. 예를 들어, "너 때문에 화가 나" 대신 "나는 이렇게 말했을 때 기분이 나빠요."라고 표현하면, 상대방이 덜 방어적으로 반응할 가능성이 높다.

- **문제에 초점을 맞추기** : 갈등이 생길 때는 사람을 비난하는 것이 아니라, 문제 자체에 초점을 맞춘다. "왜 항상 그런 식으로 행

동하니?" 대신 "이 상황에서 어떻게 하면 서로 더 잘 이해할 수 있을까요?"라고 이야기한다.

3) 정기적인 대화 시간 마련하기

바쁜 일상 속에서도 정기적인 대화 시간을 마련하는 것이 중요하다. 이는 가족 구성원들이 서로의 생각과 감정을 나누고, 관계를 강화할 수 있는 기회를 제공한다.

- **가족회의나 대화 시간 정하기** : 일주일에 한 번, 또는 매일 저녁 식사 시간 등을 활용하여 정기적으로 가족이 모여 대화를 나누는 시간을 갖는다. "우리 매주 일요일 저녁에 가족회의를 해보는 건 어떨까요?"와 같이 대화 시간을 정한다.
- **일상적인 대화와 활동 결합하기** : 산책, 저녁 식사, 게임 같은 일상적인 활동을 하면서 대화를 나누는 것도 좋은 방법이다. 활동을 하면서 자연스럽게 서로의 생각과 감정을 나눌 수 있다.
- **서로의 관심사 공유하기** : 대화 시간에는 서로의 관심사에 대해 이야기하고, 서로를 더 깊이 이해하는 기회를 제공한다. "최근에 무슨 일로 가장 기뻤나요?"와 같은 질문을 통해 대화를 시작한다.

4) 감사와 칭찬을 자주 표현하기

감사와 칭찬을 자주 표현하는 것은 가족 간의 소통을 더욱 긍정적이고 따뜻하게 만든다. 작은 일에도 감사의 표현을 하고, 서로의 장점을 칭찬하면, 가족 구성원들은 더욱 자신감을 가지고 서로에게 긍정적인 영향을 미칠 수 있다.

- **작은 일에도 감사 표현하기** : "오늘 저녁 준비해 줘서 고마워요." 와 같이 일상적인 일에도 감사의 표현을 아끼지 않는다. 이러한 작은 표현들이 가족 간의 관계를 더 끈끈하게 만들어준다.

- **칭찬하기** : 가족 구성원의 성취나 장점을 칭찬한다. "네가 오늘 숙제를 잘 마쳤구나, 정말 대단해!"와 같이 구체적이고 진심 어린 칭찬을 한다.

- **긍정적 언어 사용하기** : 가능한 한 긍정적인 언어를 사용하여 대화한다. "넌 정말 잘해"보다는 "넌 정말 노력하고 있어, 그리고 그게 정말 좋아"라고 긍정적이고 구체적인 언어를 사용한다.

3. 가족과의 소통을 위한 실천 방법

가족과의 소통은 지속적인 연습과 노력을 통해 개선할 수 있는 기술이다. 다음은 초보자가 실천할 수 있는 몇 가지 방법이다.

- **대화 시 기기 사용 줄이기** : 대화 중에는 휴대폰이나 TV를 끄고, 상대방에게 집중한다. 시선을 마주치고 경청함으로써 진정성을 보여준다.

- **적극적 경청 연습하기** : 가족이 말할 때 적극적으로 듣고, 고개를 끄덕이거나 "응, 그렇구나"와 같은 추임새를 넣어 경청하는 자세를 보인다. 이로 인해 상대방은 자신이 존중받고 있다고 느

끼게 된다.

- **대화의 분위기 조성하기** : 대화는 단지 문제를 해결하는 도구가
아니라, 서로를 이해하고 즐거움을 나누는 기회로 활용한다. 가
벼운 농담이나 긍정적인 이야기를 통해 대화의 분위기를 밝게
유지한다.

서로의 신뢰와 유대감을 강화하고, 갈등을 예방하며 해결하는 데
필수적이다. 이를 위해 적극적인 경청과 공감, 솔직하고 열린 대화,
정기적인 대화 시간 마련, 감사와 칭찬을 통한 긍정적인 소통이 중요
하다. 초보자는 기기 사용 줄이기, 적극적 경청 연습, 대화 분위기 조
성 등을 통해 가족과의 소통을 개선할 수 있다. 이러한 노력을 통해
가족 간의 소통을 더욱 원활하게 하고, 더 깊고 의미 있는 관계를 구
축할 수 있다.

친구 및 사회적 관계에서의 소통

친구 및 사회적 관계에서의 소통은 우리 삶에서 매우 중요한 역할을 한다. 이러한 관계를 통해 우리는 감정적인 지지와 즐거움을 얻고, 삶의 다양한 경험을 나눌 수 있다. 친구와의 관계나 새로운 사람들과의 사회적 연결을 유지하고 발전시키려면, 상대방과의 공감을 바탕으로 한 소통이 필수적이다. 공감과 연결을 중심으로 소통을 잘하는 방법을 익히면, 우리는 더 깊고 의미 있는 인간관계를 형성할 수 있다.

1. 친구 및 사회적 관계에서의 소통이 중요한 이유

친구 및 사회적 관계에서의 소통은 서로의 생각과 감정을 나누고, 친밀감을 형성하며, 관계를 발전시키는 데 중요한 역할을 한다. 소통을 통해 서로를 이해하고, 신뢰와 지지를 주고받을 수 있다.

- **감정적 지지 제공** : 친구와의 소통은 감정적 지지를 제공하고, 스트레스를 해소하는 중요한 역할을 한다. 힘들거나 기쁜 순간을 함께 나눌 때, 우리는 서로에게 큰 힘이 된다.
- **신뢰와 친밀감 형성** : 진솔한 대화를 통해 서로를 이해하고 신뢰를 쌓을 수 있다. 이로 인해 더욱 깊은 관계를 맺을 수 있다.
- **사회적 연결망 확장** : 다양한 사람들과의 소통을 통해 새로운 기회를 얻고, 사회적 네트워크를 확장할 수 있다. 새로운 사람들과의 관계는 우리의 시야를 넓히고, 다양한 경험을 쌓는 데 도움을 준다.

2. 친구 및 사회적 관계에서의 소통을 위한 핵심 전략

1) 공감적 경청하기

친구 및 사회적 관계에서 가장 중요한 소통 기술 중 하나는 공감적 경청이다. 공감적 경청은 상대방의 감정과 생각을 진심으로 이해하고, 그들이 자신이 이해받고 있다고 느끼게 하는 것이다.

- **주의 깊게 듣기** : 상대방이 말할 때, 집중해서 듣고 끼어들지 않도록 한다. "네가 그렇게 느꼈다면 정말 힘들었겠구나."와 같이 상대방의 감정을 인정하는 표현을 사용한다. 이는 상대방에게 자신이 존중받고 있다고 느끼게 한다.

- **반영적 응답 사용하기** : 상대방이 한 말을 되돌려 말하거나 요약하여 상대방이 자신이 잘 이해받고 있다고 느끼게 한다. 예를 들어, "네가 말한 것처럼, 최근에 일이 정말 많았구나."라고 반영적 응답을 사용하여 상대방의 감정을 인정한다.

- **비언어적 신호 사용하기** : 눈 맞추기, 고개 끄덕이기, 미소 짓기 등의 비언어적 신호를 통해 상대방에게 관심과 공감을 표현한다. 이런 신호는 상대방이 더 개방적으로 소통할 수 있는 환경을 조성한다.

2) 자신의 감정과 생각 솔직하게 표현하기

친구 관계에서 자신의 감정과 생각을 솔직하게 표현하는 것은 매우 중요하다. 솔직한 표현은 오해를 줄이고, 신뢰를 형성하며, 관계를 더욱 깊게 만든다.

- **'나 전달법' 사용하기** : 자신의 감정을 표현할 때, '너 때문에' 가 아닌 '나는'으로 시작하는 나 전달법을 사용한다. 예를 들어, "네가 그렇게 말했을 때 나는 조금 상처를 받았어."라고 말하면 상대방이 덜 방어적으로 반응할 가능성이 높다.

- **긍정적 언어 사용하기** : 비판적이거나 부정적인 언어 대신 긍정 적이고 건설적인 언어를 사용한다. "넌 항상 늦어!" 대신, "우리 가 시간을 맞추면 좋겠어."라고 긍정적으로 표현한다.

- **감정을 숨기지 않기** : 자신의 감정을 숨기지 않고 솔직하게 표현 한다. "나는 네가 이번 주에 좀 바빴다는 걸 알지만, 우리가 더 자주 이야기했으면 좋겠어."와 같이 감정을 표현하면 상대방도 더욱 솔직하게 반응할 수 있다.

3) 서로의 다름을 존중하고 수용하기

사회적 관계에서 서로의 다름을 존중하고 수용하는 태도는 갈등 을 줄이고, 더 깊은 관계를 형성하는 데 중요하다. 서로의 차이를 인 정하고, 다양성을 존중하는 태도를 가지면 더 넓은 시야를 가질 수 있다.

- **다양한 의견을 존중하기** : 상대방의 의견이 자신과 다르더라도 그들의 의견을 존중한다. "나는 네가 그렇게 생각하는 이유를 알고 싶어."와 같이 상대방의 생각을 이해하려는 노력을 보인다.

- **차이를 수용하기** : 모든 사람이 자신과 같을 수 없음을 인정하고, 차이를 받아들인다. "네 의견이 내 것과 다르지만, 그 점에 대해서는 네 말도 이해할 수 있어."라고 말해 차이를 인정하고 수용하는 태도를 보여준다.
- **갈등이 생겼을 때 해결책 찾기** : 의견 차이로 갈등이 생겼을 때, 이를 해결하기 위해 열린 마음으로 대화한다. "우리가 서로를 더 잘 이해하기 위해 어떻게 할 수 있을까?"라고 질문하여 갈등을 해결하려는 노력을 보인다.

4) 정기적으로 소통하고 연락하기

친구와의 관계를 유지하려면 정기적으로 소통하고 연락하는 것이 중요하다. 관계를 지속적으로 발전시키려면 시간을 내어 서로의 소식을 나누고 관심을 표현해야 한다.

- **작은 연락이라도 자주 하기** : 길지 않은 짧은 메시지나 전화라도 자주 연락을 유지한다. "잘 지내고 있니?" 같은 간단한 메시지도 친구가 관심을 받고 있다고 느끼게 한다.
- **정기적인 만남이나 활동 계획하기** : 정기적으로 만나거나 활동을 함께 계획하여 시간을 보낸다. "이번 주말에 커피 한 잔 할까?"와 같이 만남을 계획하여 서로의 관계를 더욱 강화한다.
- **사회적 활동에 함께 참여하기** : 함께 할 수 있는 사회적 활동에 참여하여 공통의 경험을 쌓는다. "다음 주에 열리는 마라톤에

같이 나갈까?"와 같이 활동에 함께 참여하여 더 많은 소통의 기회를 만든다.

5) 진심 어린 칭찬과 감사 표현하기

칭찬과 감사는 친구와의 관계를 더욱 긍정적이고 친밀하게 만든다. 진심 어린 칭찬과 감사는 서로에 대한 존중과 애정을 표현하는 중요한 방법이다.

- **구체적으로 칭찬하기** : 단순히 "잘했어"라고 말하는 대신, 구체적인 행동을 칭찬한다. "네가 오늘 회의에서 보여준 프레젠테이션 정말 인상적이었어."라고 구체적으로 칭찬한다.
- **감사 표현하기** : 작은 일에도 감사의 표현을 아끼지 않는다. "너가 나를 위해 시간을 내줘서 정말 고마워."라고 말하여 상대방에게 감사를 표현한다.
- **서프라이즈 감사 카드나 작은 선물 준비하기** : 때때로 작은 감사 카드나 선물을 준비하여 상대방에게 감사를 표현하면, 친구가 더욱 특별하게 느끼고 관계가 더욱 돈독해진다.

3. 친구 및 사회적 관계에서의 소통을 위한 실천 방법

친구 및 사회적 관계에서의 소통은 연습과 경험을 통해 발전시킬 수 있다. 다음은 초보자가 실천할 수 있는 몇 가지 방법이다.

- **적극적인 경청 연습** : 상대방이 말할 때, 스마트폰을 내려놓고

눈을 맞추며 경청한다. 상대방이 말을 마칠 때까지 기다린 후, 그들의 말에 대한 생각을 공유한다.

- **자주 연락하고 만남 계획하기** : 친구와의 관계를 유지하기 위해 정기적으로 연락을 하고, 만남이나 활동을 계획한다. 이를 통해 서로의 근황을 나누고 더 깊이 연결된다.

- **서로의 감정을 존중하기** : 상대방의 감정을 존중하고 공감하며, 그들의 의견이 다르더라도 이해하려는 태도를 보인다.

- **정서적 지지를 제공하기** : 상대방이 어려움을 겪고 있을 때 지지와 격려의 말을 아끼지 않는다. 예를 들어, "네가 힘들어 보여, 내가 도와줄 수 있는 게 있을까?"라고 묻는다.

서로의 감정과 생각을 이해하고, 진심으로 소통하며, 더 깊고 의미 있는 관계를 형성하는 데 중요하다. 이를 위해 공감적 경청, 솔직한 표현, 서로의 다름을 존중, 정기적인 소통, 진심 어린 칭찬과 감사 등의 전략을 사용한다. 초보자는 이러한 소통 전략을 실천함으로써, 친구 및 사회적 관계를 강화하고 확장할 수 있다.

일 잘하는 사람들의 비밀 노트 02

처음부터 배우는 소통의 기술

초판 1쇄 발행 2025년 2월 20일

지은이 이성복
펴낸이 백광석
펴낸곳 다온길

출판등록 2018년 10월 23일 제2018-000064호
전자우편 baik73@gmail.com

ISBN 979-11-6508-646-6 (13320)